'100타 깨기 골프 자습서'

오늘부터 골프 99

ONUL GOLF

오늘부터 골프 99 ⓒ김형국 2021

초판 1쇄 발행 : 2021년 12월 10일

지은이 : 김형국
삽　화 : Estelle Song
디자인 : 김예하

펴낸이 : 유혜규
펴낸곳 : 지와수 출판사
주소 : 서울시 서초구 신반포로 47길 33-2 대광빌딩 302호
전화 : 02-584-8489　팩스 : 0505-115-8489
전자우편 : nasanaha@naver.com
출판등록 : 2002-383호

ISBN : 978-89-97947-29-4 13690

* 책 값은 뒤표지에 있습니다.
* 잘못된 책은 바꿔드립니다.
* 이 책의 전부 또는 일부 내용을 재사용하려면 반드시 사전에
  저작권자와 지와수 양측의 서면 동의를 받아야 합니다.

'100타 깨기 골프 자습서'

오늘부터 골프 99

First Round
in 7 Weeks

일러스트 : Estelle Song
@ifiwereyourdesigner

김형국 지음

PROLOGUE

당신에게
골프는
무엇입니까?

골프가 뭔지 잘 모르겠다구요?
그럼 진짜 잘 오신 것입니다.
골프라는 것이 참 즐겁거든요.
즐거울 수 밖에 없는 많은 걸 가지고 있어요.
자연의 사계절이 고스란히 담긴 넓은 필드
나뭇잎 살랑이며 시원한 한줄기 바람이 불어옵니다.
첫 번째 홀의 티 박스
살짝 설레는 듯 긴장한 듯 두근거리는 심장을 느끼며
푸르른 잔디 저 먼 한 곳을 향해 고요하게 섭니다.
어떻게 잘 해보고야 말리라는 마음만
잠시 접어둘 수 있다면
그 다음은 무조건 "나이스 샷"
함께 동반하는 이들이 외쳐주는 힘찬 응원을 들으며
필드에서의 스토리는 그렇게 시작합니다.

누군가 당신과 함께 골프치기를 청한다면
그 사람은 참 좋은 사람입니다.
함께 자연의 일부가 되어 걷고 뛰고 먹고 그리고 이야기를 나누며
추억을 쌓고 싶다는 얘기니까요.
오늘 공을 몇 개나 쳤냐구요?
한 번의 샷으로 공을 치면 또 다음 샷이 있을 뿐입니다.
오늘 공을 몇 개나 잃어 버렸냐구요?
아마 누군가 잃어버린 공을 같이 찾아 줄 일이 더 많을 거예요.
마음 먹은 대로 샷이 안 된다구요?
그렇죠.
그래서 이 책을 썼습니다.
당신의 골프가 언제나 즐거움이 되길 바라는 100타 깨기 골프 자습서

'오늘부터 골프'

ENDORSEMENT

골프를 향한
그의 도전은
실로 아름다웠다

저자와 저는 골프의 사제지간으로 만났습니다.

이르지 않은 나이에 골프를 시작하면서 저자가 운영하는 마음골프학교에서 체계적인 레슨을 받으며 이제는 골프라는 운동에 꽤 매력을 느끼는 단계에까지 이르게 되었습니다. 골프의 이론과 기술을 학습하는 과정에서 수없이 들어온 '기본에 충실 하라'는 진리를 이제야 조금 이해할 수 있게 되었습니다.

수많은 골퍼들이 목표지점으로 공을 안정적으로 보내기 위해 많은 시간을 할애하며 스윙을 단련하지만, 정작 자신의 스윙에서는 문제점을 짚어내지 못합니다. 제대로 교정하는 방법을 모르는 상태로는 아무리 많은 양의 연습을 할지라도 시간 낭비만 될 뿐 실력은 나아지지 않는 것을 주변에서 많이 보아 왔습니다. 저 역시 '연습만이 살길이다'를 외치며 시간을 투자했었습니다.

이러한 오류를 범하지 않기 위해 최근 범람하는 골프 유튜브 등 정보망을 통해 수많은 연습법과 정보들을 수집하기도 하지만, 주입식 레슨으로 인해 실제 자신의 문제점이 무엇인지 정확히 파악할 수 없는 경우가 적지 않습니다. 결국 방대한 정보로 인해 오히려 혼란을 겪는 경우도 많이 보았습니다.

이러한 측면에서 '오늘부터 골프'는 골프에 입문하는, 또는 저와 같이 한참 골프에 흥미를 느끼고 있는 수준의 골퍼들에게 골프의 기본을 확고히 다질 수 있는 최고의 지침서가 될 수 있으리라 믿어 의심치 않습니다.

골프를 사랑하고 즐기는 국내외 많은 골퍼들이 골프를 '인생'에 비유하여 언급하기도 하거니와, 저 또한 남들보다 늦게 시작한 골프가 너무 좋아 이제는 골프와 연관된 사업도 병행하게 되었습니다. 욕심이 들어간 스윙이 OB를 만들어 내고, 코스에 공이 잘못 놓여진 라이가 그날의 스코어를 망치기도 하지만 좋은 동반자들과 함께 하면서 마음을 비우고 기본에 충실한 플레이에 전념할 때 우리는 의미 있는 골프를 할 수 있으리라 생각합니다.

아무쪼록 이 책이 골프에 입문하는 초보자, 그리고 저와 같이 골프에 흥미와 자신감을 가지는 과정에 있는 수많은 동반자들에게 좋은 안내서이자 도움이 되는 멋진 선물이 될 수 있기를 기대하며 보다 많은 독자가 이 책을 통해 골프를 좀 더 가까이 접할 수 있기를 기원해 봅니다. 다시 한 번 출간을 축하하며 골프에 대한 열정에 격려의 박수를 보냅니다.

자칭 수제자이자 영원한 골프 동반자
H.Rin COMPANY 대표 이하린

CONTENTS

1부 골프를 시작하면서

CHAP 1 골프장 파악하기
- 18 골프장의 구성
- 20 골프 코스의 구성
- 22 18홀의 구성

CHAP 3 골프 시작 전에 알아두기
- 44 골프에 필요한 과목
- 48 스윙을 잘 하기 위한 몸 동작
- 52 꼭 알고 있어야 할 골프 매너

CHAP 2 골프 용품 준비하기
- 26 골프 클럽
- 34 골프 공
- 36 골프화와 골프 장갑
- 40 골프웨어
- 42 그 외 필요한 골프 용품

2부 1주차 스윙 만들기

CHAP 4 스윙이란
- 60 스윙의 기본 원리
- 62 스윙에 필요한 힘
- 64 스윙의 최종 목적은 소리내기
- 66 단계별로 보는 스윙 자세

CHAP 6 올바른 스윙 연습 방법
- 82 스윙의 일관성 확보하기
- 84 스윙의 효율성 높이기
- 86 한 점을 치고 지나가기

CHAP 5 스윙 스피드를 늘리는 요령
- 76 몸통으로 스윙하기
- 78 손목을 부드럽게 유지하기
- 80 나만의 고유한 리듬 만들기

2주차 공과의 만남

CHAP 7 공을 치기 위한 준비
- 90 공이 놓여야 할 위치의 발견
- 92 공은 허상일 뿐
- 94 일정한 스윙 궤도의 유지

CHAP 8 클럽 별 샷 완성하기
- 96 아이언 샷
- 98 페어웨이 우드 샷
- 100 드라이버 샷
- 102 스윙은 하나다

CHAP 9 골퍼의 로망 비거리 늘리기
- 104 상체에서 하체 중심의 스윙
- 106 백 스윙 탑에서 궤도 점검
- 108 레이트 히트가 비거리의 원천
- 110 임팩트는 신기루

3주차 그립과 셋업

CHAP 10 그립과 셋업의 중요성
- 114 9가지 공의 구질
- 116 구질을 결정하는 그립
- 118 비거리를 결정하는 셋업

CHAP 11 그립
- 120 그립이란
- 122 그립의 종류
- 124 올바른 왼손 그립
- 126 올바른 오른손 그립

CHAP 12 셋업
- 128 셋업이란
- 130 클럽 별 공의 위치
- 132 올바른 어드레스 측면
- 134 올바른 어드레스 정면

4주차 숏 게임 스윙

CHAP 13 숏 게임 스윙의 중요성
- 138 숏 게임 스윙이란
- 140 숏 게임 스윙과 풀 스윙의 차이
- 142 실전에서 잘 안 되는 이유
- 144 연습을 쉽게 하는 요령

CHAP 14 숏 게임 스윙의 종류
- 146 60m 전후의 거리 보내기
- 148 40m 전후의 거리 보내기
- 150 나 만의 숏 게임 거리표 만들기

CHAP 15 실전에서의 숏 게임
- 152 띄울까 아니면 굴릴까
- 154 숏 게임 스윙 시 뒤땅 조심
- 156 초보자에게 더 필요한 기술

5주차 칩앤펏 게임

CHAP 16 그린 주변에서의 플레이
- 160 칩앤펏 게임이란
- 162 그린 주변 플레이 요령

CHAP 17 칩 샷은 낮게 던져 굴리기
- 164 올바른 칩 샷 자세
- 166 칩 샷 방향 맞추기
- 168 칩 샷 거리 맞추기

CHAP 18 퍼팅은 굴리기
- 170 올바른 퍼팅 자세
- 172 퍼팅 방향 맞추기
- 174 퍼팅 거리 맞추기
- 176 나에게 맞는 퍼터 고르는 법

6주차 스코어 전략

CHAP 19 실전 골프 게임의 세계
- 180 골프장의 얼굴, 클럽하우스
- 182 골프 게임 방식
- 184 코스 매니지먼트

CHAP 20 골프 스코어 기록하기
- 186 스코어 관련 용어
- 188 스코어 카드 작성하기
- 190 나만의 스코어 전략

CHAP 21 알아야 할 골프 규정
- 192 골프는 심판이 없는 운동
- 194 패널티, 벌타의 종류
- 196 스코어 관련 골프 규정

7주차 프리 샷 루틴

CHAP 22 골프는 확률 게임
- 206 골프 실력을 보여주는 통계 지표
- 208 굿 샷이 나올 확률
- 210 실수는 줄이고 유효 샷은 늘리고

CHAP 23 프리 샷 루틴
- 212 프리 샷 루틴 준비
- 214 프리 샷 루틴의 전체 과정
- 216 8초라는 시간의 함정

CHAP 24 골프 멘탈 강화
- 218 상상 라운드 연습
- 220 긍정적인 마인드 강화
- 222 실전 게임 감각의 유지

3부 부상 없이 100타 깨기

CHAP 25 **100타를 깬다는 의미**
- 228 어떻게 해야 100타를 깰까?
- 232 프로의 스윙을 탐내지 말라

CHAP 26 **100타 깨기에 필요한 기술**
- 234 드라이버 샷의 자신감
- 236 컨트롤 샷으로 거리 조절하는 법
- 238 경사면 샷 완전 정복
- 244 벙커 샷은 탈출이 목표
- 246 그린 주변 띄우는 칩샷
- 248 퍼팅 실력 업그레이드

CHAP 27 **부상 없이 100타 깨려면**
- 250 골퍼들의 부상 부위와 원인
- 252 하루 10분 골프 스트레칭
- 256 부상 방지 코어 근육 강화
- 262 라운드 3홀 이내 몸 풀기 요령
- 263 부상 예방은 연습장에서부터

SECRET

The whole secret to mastering the game of golf and this applies to the beginner as well as the pro is to cultivate a mental approach to the game that will enable you to shrug off the bad days, keep patient and know in your heart that sooner or later you will be back on top.

_ Arnold Palmer

CHAP 1 골프장 파악하기
CHAP 2 골프 용품 준비하기
CHAP 3 골프 시작 전에 알아두기

ONUL
GOLF

1부 골프를 시작하면서

CHAP 1 골프장 파악하기

골프장의 구성

골프장 홈페이지에 있는 코스 조감도

홀은 골프 게임을 하는 장소로 1번부터 18번까지 번호로 표시

골프장은 골프 게임을 하기 위해 조성된 코스가 모여 있는 곳입니다. 골프 코스는 홀(Hole)이라고 하는 단위로 나뉘어져 있으며 1번부터 18번까지 총 18개의 홀로 구성되어 있습니다. 18홀을 모두 플레이 하면 4~5시간 정도 긴 시간이 소요되어 이를 2개로 나누어 9개의 홀을 플레이를 한 후 잠시 쉬었다가 나머지 9개의 홀을 플레이하는 형태로 코스를 만들었다고 합니다.

처음 골프가 시작되었을 때는 5홀에서 24홀까지 골프 코스가 제각각 이었는데, 이후 골프가 대중화되면서 많은 골퍼들이 타수 계산이나 실력을 가늠하기에 불편함을 느끼게 되었습니다. 이에 1764년 영국 세인트 앤드류스의 로열 앤드 에이션트 클럽(Royal and Ancient golf club)에서 골프 규칙을 처음 제정하여 홀의 수를 18개로 정한 것이 오늘날 골프장의 기본 단위가 되었습니다.

골프 코스는 지형에 따라 링크스 코스, 사막 코스, 파크랜드 코스로 분류합니다. 링크스 코스는 바닷가 근처에 만든 코스로 골프가 처음 시작된 곳인 스코틀랜드와 영국에 많이 조성되어 있습니다. 사막 코스는 사막지역에 조성하므로 유일한 녹색 잔디는 티잉 그라운드, 좁은 페어웨이 그리고 퍼팅 그린 뿐입니다. 파크랜드 코스는 페어웨이를 중심으로 한 조경 뿐만 아니라 다양한 나무와 꽃을 심고 연못을 만들어 마치 공원처럼 조성한 코스입니다. 우리나라 골프장은 지역 특성상 대부분 파크랜드 코스에 속합니다.

골프 코스의 구성

파3홀 : 1타 만에 그린 위에 공을 올릴 수 있는 거리

파4홀 : 2타 만에 그린 위에 공을 올릴 수 있는 거리

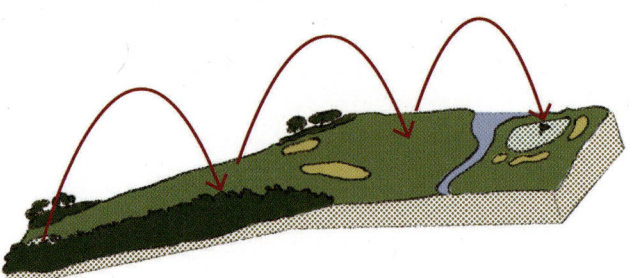

파5홀 : 최소한 3타를 쳐야 그린 위에 공을 올릴 수 있는 거리

18홀 골프장은 9홀 2개, 27홀 골프장은 9홀 3개로 구성

골프는 1번 홀부터 18번 홀까지 끝마쳐야 정식 게임으로 인정되며 이를 1 라운드 (Round)라고 합니다. 18홀은 72타의 기준 타수로 정해져 있습니다. 72타를 기준으로 그보다 많이 치면 오버파, 그보다 적게 치면 언더파를 쳤다고 합니다. 이 기준은 골프를 전문적으로 치는 프로 선수를 대상으로 정한 것으로 아마추어 골퍼가 기준 타수에 맞게 골프를 치는 것은 매우 힘듭니다.

또한 각 홀은 거리와 모양이 다양하게 조성되어 있으므로 홀마다 기준 타수가 달라집니다. 이를 파 (PAR)라고 합니다. 각각의 홀은 기준 타수에 따라 파3홀, 파4홀 그리고 파5홀이라는 명칭을 사용하며 통상 18홀은 파3홀이 4개, 파4홀이 10개, 파5홀이 4개로 되어 있습니다. 남성 기준으로 파3홀은 200m 이하의 거리로 되어 있고 티잉 그라운드에서 한 번에 그린 위로 공을 올리고 2 퍼트로 마무리하는 것이 기준입니다. 파4홀은 250~400m 사이의 거리로 티잉 그라운드에서 시작하여 두 번 쳐서 그린에 올려 2퍼트로 마무리하고, 파5홀은 400m 이상으로 더욱 길어져 최소한 세 번은 쳐야 그린에 공을 올릴 수 있고 2퍼트로 마무리하는 것이 기준입니다.

구분	기준 타수	남자	여자
파3홀	3	200m 이하	150m 이하
파4홀	4	250~400m	220~320m
파5홀	5	400m 이상	350m 이상

18홀의 구성

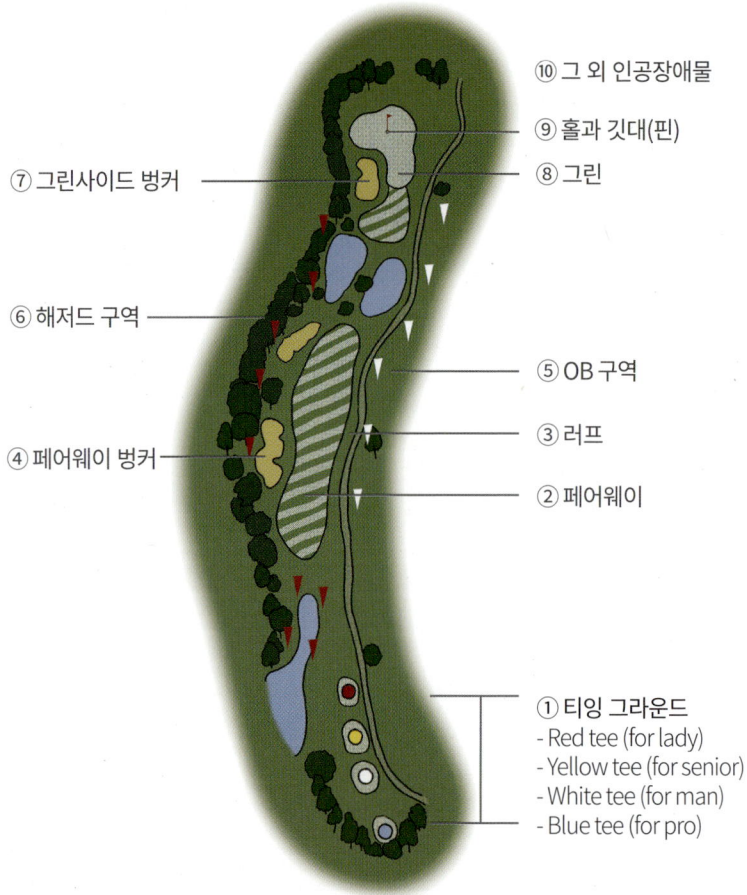

① 티잉 그라운드 (Teeing ground)

　매 홀에서 첫 번째 샷을 하는 티잉 구역 (Teeing area)입니다. 잔디에 공을 놓지 않고 길다란 티를 땅에 꽂은 다음 공을 그 위에 올려 놓고 칠 수도 있습니다. 무대처럼 만든 직사각형 구역에 티 마커 (Tee marker)를 양쪽 끝에 놓아 샷을 하는 구역임을 표시합니다. 티 마커가 붉은 색이면 여성 아마추어, 노랑색이면 남성 시니어급 아마추어, 하얀색이면 남성 아마추어, 파란색이면 프로 선수가 치는 자리입니다. 각 티의 간격은 10m에서 길게는 100m 가까이 차이가 나기도 합니다.

② 페어웨이 (Fairway)

　각 홀마다 티잉 그라운드와 그린 사이에 잔디를 짧게 깎아 공을 치기 좋게 만들어 놓은 구역으로 코스마다 조금씩 크기와 모양, 높낮이가 다르며 크기에 따라 게임의 난이도가 달라집니다.

③ 러프 (Rough)

　페어웨이 바깥쪽으로 잔디나 나무가 무성하게 자란 지역입니다. 풀이 길게 자라 있어 이 곳으로 공이 가면 정확하게 치기 어렵습니다.

④ 페어웨이 벙커 (Fairway bunker)

　페어웨이의 중간 지점에 조성되어 있는 모래 웅덩이입니다. 이 곳에 공이 빠지면 다음 샷이 어려워지지만 공이 코스를 벗어나지 않도록 보호해 주는 역할도 합니다.

⑤ OB (Out of bounds) 구역

OB는 코스를 벗어나 플레이가 금지된 구역입니다. 흰색 말뚝 또는 흰색 선으로 표시합니다. 이 구역에 공이 들어가면 1벌타를 받고 쳤던 자리에서 다시 쳐야 합니다.

⑥ 해저드 (hazard) 구역

골프 게임을 의도적으로 방해하기 위해 조성한 장애물로 호수, 연못, 개천, 도랑 등 물과 관련된 모든 지역을 지칭하며 워터 해저드 (Water hazard)라고도 합니다. 물이 없는 지역이라도 빨강색이나 노랑색 말뚝으로 표시한 지역은 모두 해저드입니다. 이 구역으로 공이 가면 1벌타를 받고 빠진 근처에서 규정에 따라 공을 드롭 (Drop)한 후 플레이를 이어 갑니다.

⑦ 그린사이드 벙커 (Greenside bunker)

그린 주변에서의 플레이를 어렵게 하기 위해 조성한 모래 웅덩이로 깊이 파여 있어 공을 탈출시키는 것이 쉽지 않습니다. 벙커에서 그린 위로 공을 올리기 위해서는 벙커 샷이라는 기술이 필요합니다.

⑧ 그린 (Green)

각 홀의 게임을 마치기 위해 공이 잘 굴러가도록 잔디를 짧게 잘라 조성한 구역으로 대략 지름이 30m 정도의 타원형 모양입니다. 일반적으로 한 홀에 그린은 하나인데 그린을 보호하기 위해 2개 만들어 번갈아

가며 사용하는 곳도 있습니다. 사용하지 않는 그린에 공이 올라가면 벌타를 받지 않고 사용하는 그린의 홀과 가깝지 않은 곳에 드롭한 후 플레이를 이어가면 됩니다.

⑨ 홀(Hole)과 깃대(Flag)

홀은 공을 넣는 최종 지점으로 지름이 108mm인 원통형의 컵으로 되어 있습니다. 홀 컵이라는 말을 많이 씁니다. 이 홀 컵에 핀(Pin)이라고 하는 깃발을 꽂아 해당 위치를 표시합니다. 홀 컵은 항상 그린의 가운데 있는 것이 아니라 그린을 보호하면서 난이도 조절을 위해 그 위치를 수시로 바꿉니다.

⑩ 그 외 인공 장애물

골프 코스가 최대한 자연에 가깝게 조성되어 있지만 실제로는 인공적으로 만든 장애물도 많이 있습니다. 카트 도로, 맨홀 뚜껑, 스프링 쿨러, 조명 탑, 울타리 등이 해당되며 인공 장애물로 인해 공을 칠 수 없는 상황에서는 벌타 없이 공을 드롭하고 플레이를 이어갈 수 있습니다.

* 드롭 : 규정에 따라 플레이가 가능한 위치에 공을 새로 놓는 것으로 홀에서 가깝지 않은 곳에 무릎 높이에서 떨어트립니다.

CHAP 2 골프 용품 준비하기

골프 클럽

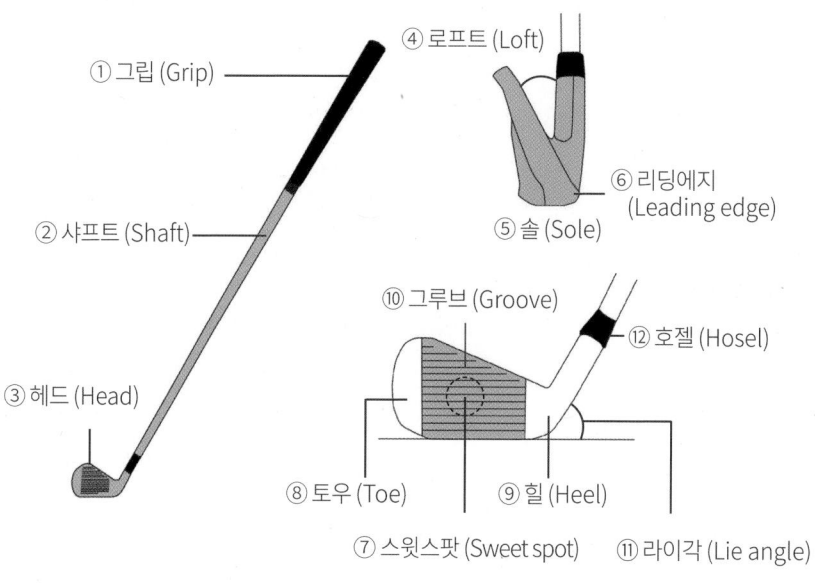

골프 클럽의 구조

골프 클럽은 크게 그립, 샤프트 그리고 헤드 이 세 가지로 구성되어 있습니다. 그립은 몸과 클럽을 이어주는 손잡이 부위이고, 샤프트는 클럽의 뼈대로 크게는 스틸과 그라파이트 샤프트로 나눕니다. 이 샤프트의 재질과 특성에 따라 남성용과 여성용으로 분류하기도 하고 초보 골퍼와 상급 골퍼용으로 나누기도 합니다. 헤드는 최종적으로 공이 닿는 부분이며 드라이버와 우드, 아이언 등 클럽 헤드의 종류에 따라 모양과 무게가 달라집니다.

명칭과 용어 해설

① 그립 : 양 손으로 잡는 고무 재질의 손잡이이다
② 샤프트 : 클럽과 헤드를 이어주는 뼈대에 해당한다
③ 헤드 : 공을 치는 부분으로 클럽의 종류에 따라 모양이 다르다
④ 로프트 : 클럽을 수직으로 세웠을 때 헤드가 기울어진 각도이다
⑤ 솔 : 헤드의 아래면을 말한다
⑥ 리딩에지 : 헤드의 타면과 밑바닥의 경계선이다
⑦ 스윗스팟 : 헤드의 정가운데로 여기에 공이 맞아야 정타가 된다
⑧ 토우 : 샤프트에서 가장 먼 헤드의 바깥 부분이다
⑨ 힐 : 샤프트에 가장 가까운 헤드의 안쪽 부분이다
⑩ 그루브 : 클럽페이스에 새겨진 가느다란 홈으로 스핀을 생성한다
⑪ 라이각 : 헤드를 지면에 놓았을 때 지면과 샤프트가 이루는 각이다
⑫ 호젤 : 헤드와 샤프트를 연결하는 부속품을 말한다

골프 클럽의 뼈대에 해당하는 샤프트

골프 클럽의 스펙에서 가장 큰 비중을 차지하는 것이 바로 샤프트입니다. 골퍼의 성별, 신체 조건, 스윙 스타일과 힘에 따라 샤프트의 재질이 달라지는데 재질은 크게 스틸 (Steel)과 그라파이트 (Graphite)로 나눕니다. 스틸은 주로 남성용이고 그라파이트는 남성용과 여성용이 구분되어 있습니다.

스틸 샤프트는 다시 스틸과 경량 스틸, 두 가지 종류로 나눕니다. 스틸은 무겁고 가장 단단한 재질로 만들어져 있어 주로 프로 선수나 힘이 센 남자들이 사용하며 경량 스틸은 그에 비해 가볍고 부드럽게 만들어 대부분의 남자들이 편하게 사용하는 샤프트입니다. 스틸은 아이언 클럽에만 적용하고 드라이버와 우드의 샤프트는 모두 그라파이트입니다.

그라파이트 샤프트를 보면 다양한 정보가 표시되어 있는데 그 중에는 샤프트의 강도 (Flex)가 있습니다. 강도에 'L'이라고 적혀 있으면 이는 Lady의 약자로 여성용이고 'R'은 Regular의 약자로 남성용입니다. 이 외에도 남성용은 SR, S (Stiff) 등 다양한 옵션이 있습니다. S는 더 단단하고 비틀림이 없는 강한 샤프트입니다. 또한 아이언의 경우 스틸 샤프트도 있으니 남성은 자신의 힘이나 신체 조건에 따라 맞는 것을 선택하면 되지만 여성의 경우는 여성용 한 가지 밖에 없습니다. 힘이 세거나 스윙 스피드가 빠른 여성은 남성용 그라파이트 또는 경량 스틸 샤프트를 쓰기도 합니다.

골프 클럽의 종류와 적정 비거리

골프는 한 개의 클럽으로 다양한 거리를 보내는 것이 아니라 클럽 별로 보낼 수 있는 거리가 정해져 있습니다. 사용하는 클럽마다 비거리가 달라지고 또 골퍼의 스윙에 따라서도 비거리는 조금씩 달라집니다. 중요한 것은 각 클럽 별로 비거리의 간격이 일정해야 한다는 것입니다. 클럽 별로 얼마의 거리를 보낼 수 있을까요?

종류	로프트	비거리(여)	비거리(남)	상급자(남)
드라이버	9~12도	130	180	220
3번 우드	15도	120	170	200
5번 우드	19도	110	160	190
4번 유틸리티	22도	100	150	180
5번 아이언	26도	90	140	170
6번 아이언	30도	85	130	160
7번 아이언	34도	80	120	150
8번 아이언	38도	75	110	140
9번 아이언	42도	70	100	130
피칭 웨지	46도	60	90	120
어프로치 웨지	52도	50	80	100
샌드 웨지	56도	40	70	80

비거리 단위는 m이며 실제 필드에서의 클럽별 비거리의 추정치 평균이다. 상급자(여)는 비거리(여)의 평균 비거리에 20~30m 정도 추가하면 되고 상급자(남)은 비거리(남)의 평균 비거리에 30~40m 정도 추가하면 된다.

① 드라이버 (Driver)

드라이버는 1번 우드의 별칭으로 클럽 중에서 가장 길면서 로프트가 낮아 최고로 먼 거리를 보낼 수 있는 클럽입니다. 게다가 샷을 할 때 공을 올려 놓을 수 있는 티를 땅에 꽂고 공중에 띄어놓은 상태에서 큰 헤드로 치게 되므로 더 먼 비거리를 보낼 수 있는 것입니다. 드라이버를 우드라고 하는 것은 예전에는 나무를 깎아 헤드를 만들었기 때문인데 지금은 티타늄이나 스테인리스 스틸 재질을 씁니다.

골프 초창기의 드라이버 헤드 소재는 주로 견고하고 변형이 적은 감나무(퍼시몬)이었다고 합니다. 1980년에 들어와서 가볍고 강도가 높은 금속 소재의 헤드가 개발되면서 헤드의 크기가 커지기 시작했습니다. 당시에는 300cc 전후의 헤드 크기가 주류였고 2000년대에는 400cc 이상으로 커지면서 스윗스팟이 넓어져 관용성이 좋아짐은 물론 거리를 멀리 보낼 수 있는 성능이 크게 향상되었습니다.

② 페어웨이 우드 (Fairway wood)

페어웨이 우드는 드라이버보다 거리가 덜 가지만 아이언보다는 더 멀리 보낼 수 있어 잔디에 공이 있고 먼 거리가 남은 파4홀 또는 파5홀에서 유용하게 사용합니다. 종류는 2번부터 7번까지 다양하게 있으나 이를 다 갖추는 것이 아니라 3번과 5번, 혹은 4번과 7번 2개를 한 세트로 사용합니다. 요즘은 7번 우드 보다 유틸리티 우드를 많이 사용하는 추세입니다.

③ 유틸리티 우드 (Utility wood)

유틸리티 우드는 페어웨이 우드의 장점과 아이언의 장점을 결합한 기능성 클럽입니다. 페어웨이 우드는 먼 거리를 보낼 수는 있어도 샤프트가 길어 공을 정확하게 맞추기 어려운 단점이 있고, 아이언은 정확하게 맞추기 쉬운 반면 먼 거리를 보내는데 한계가 있습니다. 유틸리티 우드는 비교적 먼 거리를 보내면서 정확하게 맞출 수 있어 유용하며 4번을 가장 많이 씁니다.

④ 아이언 세트 (Iron set)

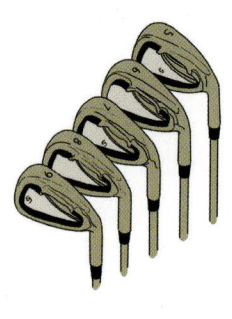

아이언은 클럽마다 일련 번호가 붙어 있는 세트로 구성되어 있습니다. 아마추어 남성은 4번 아이언, 여성은 5번 아이언부터 시작하여 샌드 웨지까지 총 8개에서 9개가 한 세트입니다. 일련번호가 9번까지 숫자로 표기된 클럽은 아이언, 영문으로 표기된 클럽은 웨지라는 명칭을 씁니다. 아이언 클럽은 번호별로 정확한 거리를 보내기 위한 클럽이며 공을 치면 스핀이 많이 생기면서 높이 뜨기도 하고 그린에 떨어진 후 구르지 않고 바로 서기도 합니다.

⑤ 웨지 (Wedge)

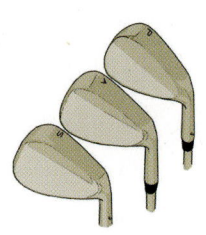

웨지는 아이언과는 달리 짧은 거리를 보내는 숏 게임 스윙으로 그린에 공을 정확하게 올리는 용도로 사용합니다. 아이언 세트중에서 헤드에 P (Pitching), A (Approach), S (Sand)라는 영문이 새겨져 있는 클럽을 웨지라고 합니다. 로프트가 매우 커서 공을 높이 띄우기는 용이한 반면 원하는 거리만큼 정확하게 맞추기 어려우므로 연습을 많이 해야 하는 클럽이기도 합니다. 웨지만을 전문적으로 만드는 회사도 있으며 이 때는 헤드에 로프트 각도를 표시합니다.

⑥ 퍼터 (Putter)

퍼터는 그린 위에 올라온 공을 굴려서 홀 컵에 넣기 위해 사용하는 클럽으로 헤드가 납작하여 공을 굴리기 쉽게 제작되어 있습니다. 퍼터마다 헤드 모양이 다양하게 만들어져 종류가 엄청 많지만 크게는 블레이드형(일자형)과 말렛형(반달형) 퍼터 두 가지로 분류합니다. 퍼트를 어떻게 하느냐에 따라 스코어에 미치는 영향이 매우 커서 퍼터를 올바른 방법으로 사용할 줄 알아야 합니다.

나에게 맞는 골프 클럽의 구성

골프는 다른 운동과는 달리 많은 장비를 사용합니다. 골프 규정에는 프로 시합의 경우 최대 14개까지의 클럽을 소지할 수 있으며 그 이상을 소지하고 시합에 참가하면 패널티를 받게 됩니다. 아마추어 골퍼가 갖추는 일반적인 골프 클럽 구성은 드라이버 1개, 페어웨이 우드 3번과 5번 2개, 유틸리티 우드 4번 1개, 아이언 세트 8개 그리고 퍼터까지 13개를 갖추는 것이 한 세트입니다. 그러나 초보 골퍼의 경우 이 클럽을 모두 잘 다룰 수 없고 특히 페어웨이 우드는 거의 쓰지 않기 때문에 페어웨이 우드를 뺀 11개의 클럽을 풀 세트로 구성하는 것이 좋습니다.

골프 공

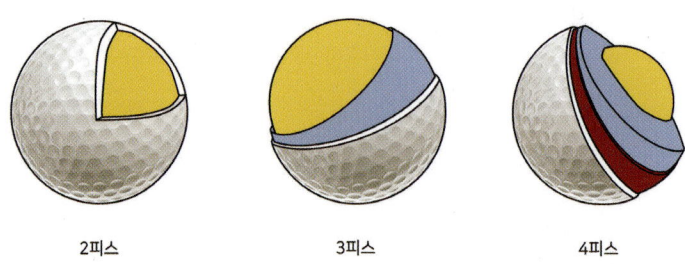

2피스   3피스   4피스

골프 공은 피스(Piece)라고 하는 구조에 따라 종류를 나눈다. 이 구조에 의해 거리와 스핀 성능이 결정된다.

일반적으로 골프 공을 말할 때는 2피스 혹은 3피스라는 말을 씁니다. 이것은 골프 공이 몇 겹으로 되어있는지를 나타내는 뜻으로 공의 중심에 있는 코어에 커버가 1겹으로 씌워져 있으면 2피스, 코어와 커버 사이에 소재를 1겹 더 씌우면 3피스, 또 추가하면 4피스가 됩니다. 2피스는 스핀보다는 거리 성능에 우선을 둔 공이고 3~4피스는 거리보다는 스핀 성능에 우선을 둔 공이라고 보면 됩니다.

대부분 아마추어 골퍼는 비거리가 우선이므로 거리 성능에 초점을 맞춘 2피스 공을 선호하고 구력이 있는 중급 골퍼 이상이나 프로 선수는 스핀 성능이 좋은 3피스와 4피스 공을 많이 사용합니다. 이제 막 필드에 나가기 시작했다면 공을 잃어버리는 경우가 많으므로 새 공을 쓰는 것보다 가격이 저렴한 로스트볼(중고 공을 수거하여 재가공한 것)을 사용하는 것이 무난합니다.

골프 공의 소재와 제원

골프 공은 커버와 코어(핵)로 구성되며 커버는 설린이라는 합성수지 또는 우레탄 소재로 만들어지고 코어는 합성 고무와 화합 물질을 혼합한 것으로 다른 성질을 가진 소재를 커버와 코어에 어떻게 배치하는가에 따라 딱딱한 정도와 타구감 등이 달라집니다.

공의 지름은 42.67cm(1.68인치)이상이어야 하고 좌우상하 완전한 대칭인 구를 이루어야 합니다. 무게는 45.95g(1.6 온스)를 넘지 않도록 제한하는데 이는 무게가 무거울수록 거리가 늘어나기 때문입니다.

공의 딱딱함을 의미하는 경도 (Hardness)는 공이 맞았을 때의 타구감과 거리에 영향을 줍니다. 100에 가까울수록 딱딱하고 70까지 내려갈수록 부드럽다는 것으로 공이 포장되어 있는 박스에 적혀 있거나 공의 번호 색깔로 구분합니다.

골프 공 겉면에 움푹 파져 있는 홈이 딤플 (Dimple)

골프 공을 보면 다른 구기 종목의 공과는 달리 움푹 파인 홈이 많이 있습니다. 이를 딤플 (Dimple)이라고 합니다. 골프 공을 제조하는 회사마다 모양과 개수가 조금씩 다르지만 대체로 350~450개 정도라고 보면 됩니다. 이렇게 홈이 파여져 있는 것은 공기역학적으로 공에 굴곡이 있을 때 공기의 흐름이 뒤로 잘 빠져 공기의 저항이 줄어들고 공을 띄우는 힘인 양력이 높아져 멀리 보낼 수 있게 하기 위함입니다.

골프화와 골프 장갑

스파이크 골프화
(Spike shoes)

스파이크리스 골프화
(Spikeless shoes)

스파이크가 있는 골프화와 스파이크가 없는 골프화의 차이

기본적으로 골프화에는 바닥에 스파이크가 부착되어 있습니다. 게임을 하는 장소가 자연이라는 특성상 잔디, 오르막과 내리막 그리고 모래 등 다양한 지형에서도 미끄러지지 않고 안정적으로 스윙을 할 수 있게 도와주는 역할을 합니다. 또한 필드에서는 눈과 비, 잔디에 맺힌 이슬 등에 그대로 노출되므로 방수 기능이 필수입니다.

그러나 스파이크가 있는 골프화는 일상 생활에서는 신을 수 없고 딱딱한 바닥에서는 불편한 단점이 있어 최근에는 스파이크가 없는 스파이크리스 골프화가 많이 출시되고 있습니다. 스파이크리스 골프화는 골프화 바닥의 고무가 가진 특성으로 잔디에서도 잘 미끄러지지 않고 스윙 동작을 잘 잡아주며 일반 운동화와 비슷한 디자인에 착용감이 좋습니다. 단 방수 또는 방풍 기능이 빠진 실내 연습장용 제품도 있으니 필요한 기능을 꼼꼼히 살펴보아야 합니다.

골프화의 "보아" 기능

최근 골프화는 보아(BOA fit system) 기능이 적용된 제품이 많이 출시되고 있습니다. 보아는 신발끈을 묶고 푸는 것이 아니라 다이얼을 돌려 간편하게 풀고 조일 수 있는 기능이 있어 편하게 신발을 신거나 벗을 수 있습니다. 또한 신발을 얼만큼 조일 것인지 미세 조정이 가능하여 발이나 발목 근육의 움직임에 안정감을 더해줍니다.

골프 장갑의 기능

골프 장갑은 그립이 손에서 미끄러지거나 뒤틀어지는 것을 방지해 주는 역할을 합니다. 이를 위해 한쪽 손에만 장갑을 끼는데 오른손잡이는 왼손 장갑을 끼고 왼손잡이는 오른손 장갑을 끼는 것이 일반적입니다. 여성 골퍼 중에는 양 손을 다 보호할 목적으로 양손 장갑을 끼는 경우도 꽤 있지만 프로 선수의 대부분은 한쪽 손에만 장갑을 낍니다. 이는 장갑을 낀 손은 클럽을 잡을 때 마찰력으로 미끄러지지 않도록 역할을 하는 것뿐만 아니라 장갑을 끼지 않은 손으로 느끼는 감각도 중요하기 때문입니다.

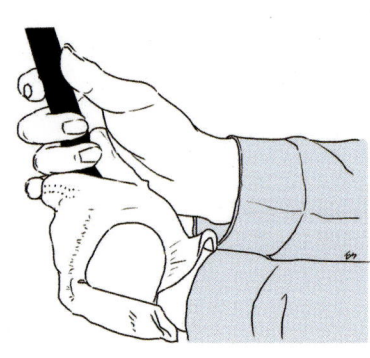

대부분 오른손잡이 골퍼는 왼손 장갑만 착용한다. 이는 왼손은 마찰력, 오른손은 손으로 느끼는 감각을 유지하기 위해서다.

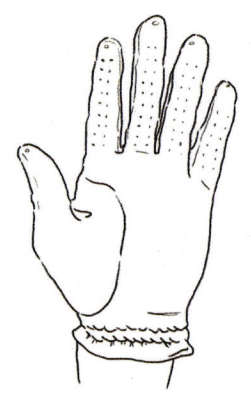

일반적으로 남자는 왼손에만, 여성은 양손에 모두 착용하는데 크기는 딱 맞게 착용하는 것이 좋다.

골프 장갑의 크기

장갑 사이즈 표기는 국가마다 다릅니다. 우리나라에서는 주로 숫자로 장갑의 사이즈를 표기하고 몇 호라고 말합니다. 18호부터 25호까지 다양하며 보통 남성은 21~25호, 여성은 18~22호 장갑을 착용합니다. 각자 자신의 손 크기에 따라 호 수가 달라지고 메이커마다 조금씩 크기가 다를 수 있으므로 가급적 골프 샵에서 직접 착용해 보고 딱 맞는 장갑을 선택하는 것이 좋습니다. 참고로 우리 나라 남성 평균은 23호이고 여성 평균은 19호입니다.

골프 장갑의 종류

골프 장갑은 재질에 따라 크게 천연 가죽인 양피와 인조 가죽인 합피로 나뉩니다. 양피 장갑은 촉감이 좋고 착용감도 우수하여 손이 골프 클럽에 착 달라붙는 느낌이 들지만 내구성이 약하여 조금만 써도 금방 망가지고 가격이 비싼 단점이 있습니다. 특히 물과 땀에 취약하여 비가 올 때 착용하면 딱딱하게 굳어지고 미끄러워서 스윙을 하다가 클럽을 놓칠 수도 있습니다.

합피 장갑은 다양한 재질을 혼합한 인조 가죽으로 만들어 무엇보다 내구성이 좋고 가격이 저렴한 반면 착용감은 다소 떨어집니다. 주로 연습용으로 많이 사용합니다. 골프 장갑은 사용하다 보면 금방 지저분해지고 헤지는 소모품입니다. 착용감이 떨어지는 느낌이 들 때는 바로 교체하는 것이 좋습니다.

골프웨어

골프웨어뿐만 아니라 자와선 차단을 위한 기능성 웨어와 날씨의 변화에 따라 바로 입을 수 있는 우비, 바람막이 등도 같이 준비해야 한다.

자신에게 맞는 골프웨어 찾기

골프웨어는 스포츠 웨어로서의 기능성과 개성 만점의 스타일을 연출할 수 있는 패션 아이템으로의 기능을 동시에 가지고 있는 것이 특징입니다. 멋진 풍경의 필드에 나가 자신의 패션 감각과 스타일을 마음껏 드러낼 수도 있고 또 자신이 얼마나 센스있는지 평가를 받는 요소이기도 하여 각자 맞는 브랜드나 스타일의 골프웨어를 찾게 됩니다.

골프웨어를 고를 때는 우선 유명 브랜드의 유행을 따르기보다는 스윙을 할 때 몸의 움직임을 방해하지 않도록 하는 신축성과 스포츠 웨어로서의 기능, 즉 자외선 차단, 방수와 방풍 그리고 쿨링 등의 기능성에 얼마나 충실한지 꼼꼼히 살펴보고 선택하는 것이 좋습니다. 물론 몸매를 너무 드러내거나 지나치게 화려한 컬러로 보는 사람이 불편하지 않게 하는 것도 필요합니다.

골프장에서의 드레스 코드

골프장 중에 회원제로 운영되는 곳은 각 클럽에 맞는 드레스 코드, 즉 복장 규정을 가지고 있습니다. 반드시 자켓을 입어야만 입장이 가능한 골프장도 있고 최소한의 금지 복장만을 규정한 골프장도 있습니다. 금지 복장이란 슬리퍼나 등산화, 라운드 티, 스포츠 유니폼, 청바지 또는 벨트 없는 바지, 지나친 노출의 민소매 등을 말합니다. 여름의 경우 반바지 착용에 대한 규정도 골프장마다 다르므로 골프장에 방문하기 전에 홈페이지나 전화로 클럽 복장 규정을 확인해 보는 것이 좋습니다.

그 외 필요한 골프 용품

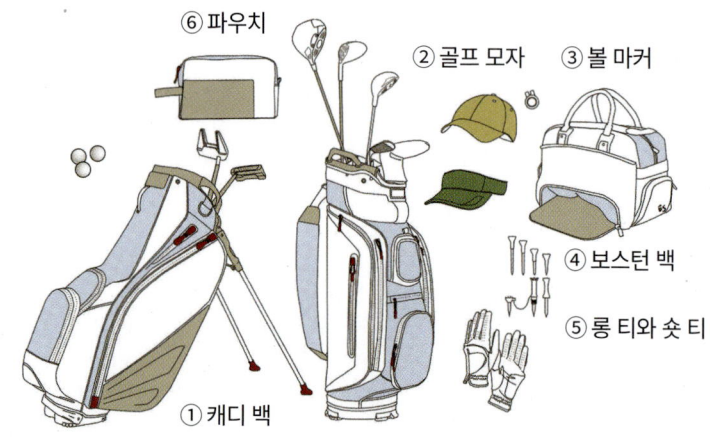

① 캐디 백

캐디 백 (Caddy bag)은 골프 클럽, 골프공, 장갑, 수건, 우산 등 필요한 골프 용품을 넣을 수 있는 가방입니다. 골프 클럽을 보호하기 위해 튼튼한 뼈대에 가죽이나 에나멜 재질을 사용하여 꽤 무겁습니다. 최근에는 가볍고 두 발이 앞으로 나오는 형태의 스탠드 백도 많이 사용합니다.

② 골프 모자

골프 모자는 기능성보다는 야외에서 하는 운동이니만큼 강한 햇볕으로부터 머리와 피부를 보호해주고 스윙을 할 때 머리카락이 방해되지 않도록 해줍니다. 또한 다양한 모양과 스타일이 많아 개인의 골프 패션을 표현하는 아이템으로서의 역할도 해줍니다.

③ 볼 마커

그린 위에 올라간 공은 집어서 닦은 후 다시 놓을 수 있는데 공을 집을 때 놓여진 위치를 표시하기 위해 마크를 해야 합니다. 이 때 사용하는 동전 크기의 용품을 볼 마커 (Ball marker)라고 합니다.

④ 보스턴 백

보스턴 백은 골프 웨어와 갈아 입을 속옷, 신발 그리고 기타 골프 용품을 넣고 다니는 부피가 큰 손가방 중의 하나입니다. 대부분 골프화를 수납하는 공간이 분리되어 있어 옷이나 다른 용품이 지저분해지지 않도록 해줍니다.

⑤ 롱 티와 숏 티

티 (Tee)는 홀마다 첫 번째 샷을 할 때 공을 잔디에 놓지 않고 올려 놓고 치기 위해 사용하는 대못 모양의 용품입니다. 드라이버 샷을 할 때는 7~8cm 길이의 롱 티를 사용하고 파3홀에서 아이언이나 우드로 티 샷을 할 때는 3cm 미만의 티를 1cm 높이로 꽂아 사용합니다.

⑥ 파우치

라운드 중에는 캐디 백에 있는 골프 용품을 필요할 때마다 꺼내는 것은 다소 불편합니다. 이런 불편을 해소하기 위해 조그만 손가방 크기의 파우치를 준비하여 골프공, 티, 볼 마크, 썬크림 그리고 기타 개인 용품을 넣고 필요할 때 바로 꺼내 쓰는 용도로 사용합니다.

CHAP 3 골프 시작 전에 알아 두기

골프에 필요한 과목

골프를 잘 하려면 골프에 필요한 과목을 골고루 배워야 하고 각 과목의 특징과 비중을 알아야 그에 맞게 연습할 수 있다.

① 롱 게임 (Long game)

　롱 게임은 공을 최대한 멀리 보내는 것이 목적이며 공을 멀리 보낼 수록 게임을 하는데 유리하고 골프하는 맛이 난다고 합니다. 일명 파워 게임이라고도 하며 풀 스윙 (Full swing)이라는 용어를 사용합니다. 골프가 잘 안된다고 하는 것은 주로 풀 스윙의 어려움을 말하는 것으로 기대한 만큼 잘 되지 않고 노력한 만큼 빨리 늘지 않기 때문입니다. 골프 스코어에서 차지하는 비중이 40%로 생각만큼 크지 않습니다.

② 숏 게임 (Short game)

　숏 게임은 짧은 거리를 정확하게 보내는 것이 목적으로 풀 스윙과 달리 스윙 동작의 크기로 거리를 조절하는 것입니다. 언제부터 짧은 거리인지는 각자의 기준에 따라 다르므로 그에 맞는 클럽을 선택한 후 스윙의 크기를 정할 수 있습니다. 숏 게임의 비중은 20%로 다른 과목에 비해 작지만 퍼팅 게임에 미치는 영향이 커서 풀 스윙과 동일한 비중으로 연습해야 합니다.

③ 퍼팅 게임 (Putting game)

　퍼팅 게임은 공이 잘 구를 수 있도록 잔디를 짧게 손질한 그린에 공이 올라갔을 때 공을 굴려서 홀에 넣는 과목입니다. 이 구역에서는 스윙 동작을 하여 잔디를 손상시켜서는 안 되고, 반듯하게 생긴 헤드를 가진 퍼터라는 도구로 공을 굴려서 조그만 홀 컵에 넣어야 해당 홀에서 게임이 종료됩니다. 골프 스코어에서 차지하는 비중은 40%로 롱 게임과 동일합니다.

④ 코스 매니지먼트 (Course management)

코스 매니지먼트는 모든 홀의 모양과 거리가 다르므로 해당 홀의 코스를 공략하는 계획을 세우고 어떤 클럽을 사용하며 또 실수를 했을 때 해결 방법은 무엇일지를 미리 공부하는 과정입니다. 필드에 가기 전에 골프장 홈페이지에 들어가서 코스에 관해 미리 살펴 보고 코스 공략 팁을 숙지하는 것이 좋습니다.

⑤ 멘탈 게임 (Mental game)

골프는 다른 스포츠에 비해 유독 멘탈이 경기의 흐름을 많이 좌우합니다. 어떤 상황에서도 흔들리지 않는 정신력과 고도의 집중력 그리고 긍정적인 마인드는 중요한 골프의 요소로 끊임없이 향상시켜야 할 과제이기도 합니다. 프리 샷 루틴을 통해 하나의 샷을 하는데 집중하고 심리적인 조절을 잘하게 되면 훨씬 더 좋은 결과를 얻을 수 있습니다.

골프연습 제 1법칙은 연습의 균형

골프에 필요한 과목 중에서 기술적 영역에 해당하는 롱 게임, 숏 게임, 퍼팅 게임은 상호 연관성이 없는 독립적인 운동입니다. 한 가지 과목만을 잘해서는 안되며 한 과목이라도 소홀히 해서는 좋은 스코어를 내기 어렵습니다. 처음 골프를 배우고 연습할 때부터 각 과목의 비중에 맞추어 연습하는 '연습의 균형'을 지키는 것이 골프를 빨리 잘하는 비결입니다.

숏 게임과 퍼팅의 중요성

골프는 평생을 즐길 수 있는 운동이지만 구력이 쌓일수록 오히려 어렵게 느껴지는 특성이 있습니다. 이는 처음 배울 때부터 기본기를 충실하게 익히지 않았기 때문으로 시작할 때 기본기를 갖추는 것이 매우 중요합니다. 많은 아마추어 골퍼들이 스윙을 완벽하게 익히는 것이 기본이라고 생각하여 대부분의 연습 시간을 롱 게임에 투자합니다. 스윙만 탄탄하게 잘 만들어 놓으면 모든 문제가 해결되고 또 골프가 잘 될 것이라고 생각하는 것입니다.

그러나 골프의 특성상 게임 중 샷의 반 이상을 60m 이내에서 치게 됩니다. 정확한 스윙 동작을 만들고 공을 칠 때는 스윙에 대한 고민 없이 샷에 집중하는 것이 골프의 기본인데 이는 숏 게임과 퍼팅에서부터 확실하게 몸에 익혀야 합니다. 짧은 거리를 보내는 동작이라고 해서 쉽게 생각하고 대충해서는 골프 실력 유지가 쉽지 않습니다. 60m 이내에서의 숏 게임과 퍼팅을 잘해야 스코어가 줄어든다는 사실을 잊지 말고 그에 맞는 연습 계획을 세워야 합니다.

스윙을 잘하기 위한 몸 동작

스윙을 잘하려면 클럽을 잡지 말고 몸동작을 반복해서 익혀야 한다.

몸통 회전

몸통 회전은 상체 중심이 아닌 하체 중심의 스윙을 할 수 있도록 몸을 돌리는 동작입니다. 운동적으로는 일상생활에서 걷는 동작과 비슷하다고 하여 골프 보행이라고 합니다. 걸을 때 자연스럽게 체중이 이동되듯이 몸통을 돌릴 때도 걷는 것처럼 체중이 옮겨지도록 해야 합니다.

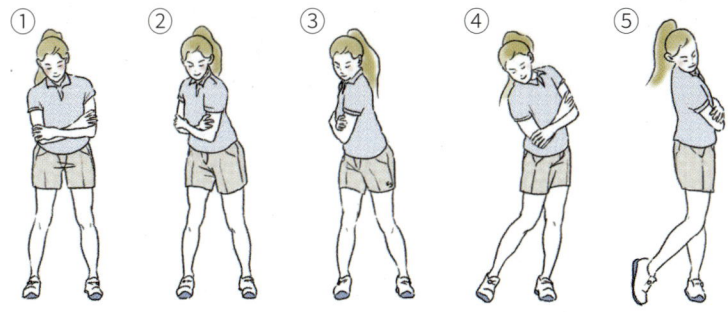

① 셋업을 한 상태에서 팔짱을 낀다.
② 상체를 오른쪽으로 비튼다. 오른쪽 무릎이 밖으로 밀리지 않게 한다.
③ 왼쪽 어깨가 오른쪽 발 앞까지 올 때까지 상체를 회전해야 한다.
④ 체중을 왼발에 실어 주면서 골반을 왼쪽으로 회전한다.
⑤ 오른발 뒤꿈치를 들어 왼발로 서고 시선은 바닥에 둔다.

☞ 8분의 6박자 리듬으로 10회 왕복으로 하는 것이 한 세트이다.

양팔 운동

양팔 운동은 스윙을 할 때 양 팔이 어떤 느낌으로 움직이는지 알 수 있게 해주는 동작입니다. 양 팔로 '앞으로 나란히'를 하는 동작으로 아령이나 무거운 책을 들고 하는 것이 효과적입니다. 어깨의 회전에 따라 팔과 손의 올바른 위치와 각도의 변화를 자연스럽게 익히도록 해줍니다.

① 셋업을 할 때 양 팔을 곧게 펴고 손바닥이 마주 보도록 책을 잡는다.
② 상체를 오른쪽으로 비틀어 주면서 '오른쪽 앞으로 나란히'를 한다.
③ 왼쪽 어깨가 오른쪽 발 앞까지 올 때까지 상체를 회전해야 한다.
④ 체중을 왼발에 실어 주면서 골반을 회전하고 양 팔도 같이 따라간다.
⑤ 오른발 뒤꿈치를 들어 왼발로 서고 '왼쪽 앞으로 나란히'를 한다.

☞ 8분의 6박자 리듬으로 10회 왕복으로 하는 것이 한 세트이다.

셋업 체조

셋업 체조는 클럽을 잡지 않은 상태에서 스윙을 하기 전의 기본 자세와 느낌을 익히게 해 주는 중요한 동작입니다. 전신 거울을 보면서 등은 잘 펴져 있는지, 어깨의 각도가 맞는지, 체중은 앞으로 잘 실려 있는지를 꾸준히 확인해야 합니다.

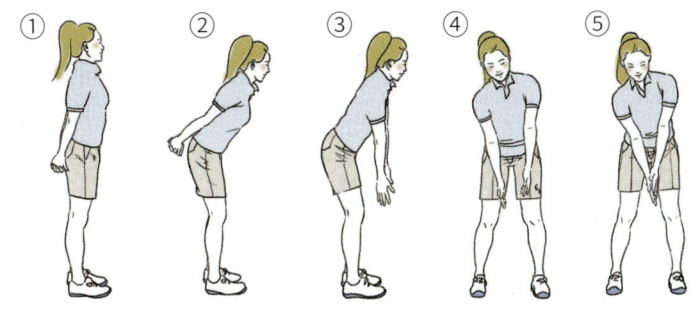

① 등 뒤로 손을 돌려 깍지를 끼고 가슴을 펴서 등이 펴지도록 한다.
② 깍지를 내리면서 상체를 숙이고 체중이 앞 쪽으로 실리게 한다.
③ 깍지를 풀고 양 팔을 어깨 아래에 편하게 늘어트린다.
④ 오른쪽 어깨를 내려 상체가 오른쪽으로 살짝 기울어지도록 한다.
⑤ 오른손바닥을 왼손바닥에 갖다 댄다. 위치는 왼쪽 허벅지 안쪽이다.

☞ 순서를 지켜서 10회 반복하는 것이 한 세트이다.

꼭 알고 있어야 할 골프 매너

골프가 다른 스포츠에 비해 유독 매너를 강조하는 이유는 여러 명이 같이 게임을 하지만 심판 없이 진행되기 때문입니다. 규정을 어겼을 때는 스스로 벌타를 부여하고 해당 규정에 맞는 조치를 취해야 하며 동반자에게는 좋은 행동과 매너로 대해야 합니다.

라운드 약속을 잡으면 골프장 이름, 예약 날짜와 시간 그리고 예약자명은 알고 있어야 합니다. 라운드 당일 골프장 프론트에 예약 시간과 예약자 명을 말해야 등록이 가능하기 때문입니다. 또한 골프 약속은 결코 취소하지 않아야 합니다. 약속을 취소하는 경우 상대방으로부터 좋은 인상과 신뢰감을 얻을 수 없으므로 골프 약속은 신중하게 해야 합니다.

라운드 전날에는 충분한 휴식을 취하면서 골프 클럽과 여분의 공과 장갑, 기타 준비물을 확인하고 캐디 백과 보스턴 백의 네임텍에 자신의 이름이 써 있는지도 체크해 봅니다. 또한 해당 골프장에서 로컬 룰로 정한 복장 규정과 지침, 골프장 이용 방법, 그리고 기본적인 룰과 매너를 알아두는 것이 좋습니다.

라운드 당일 골프장에 일찍 도착해 여유 있게 체크인을 하는 것에서부터 게임을 시작하기 전에 미리 스타트 홀에 대기하는 것은 기본이고 코스에 나가서도 룰과 매너를 지키는 것을 우선 순위로 플레이해야 합니다. 특히 매너는 동반자를 배려하는 것에 초점을 맞추어 유쾌하면서도 편안한 게임이 되도록 노력하는 것이 그 무엇보다 중요합니다.

티 샷을 하는 티잉 그라운드에서의 매너

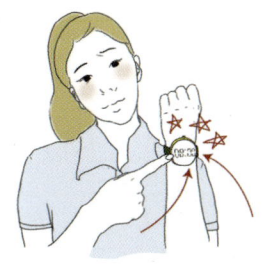

　티 오프 시간 (Tee off time), 즉 게임을 시작하는 시간은 반드시 지켜야 하며 시작 시간 15분 전에는 출발 준비를 마치고 카트가 대기하고 있는 장소에 나와 있는 것이 좋습니다. 지각을 해서 게임 진행이 늦어지면 뒤 팀의 플레이에도 지장을 주게 됩니다.

　동반자가 티 샷을 할 때는 집중할 수 있도록 옆에서 말을 하거나 부산하게 움직이지 말고 조용히 지켜 보아야 합니다. 또한 본인의 순서에 맞춰 티잉 그라운드에 올라갈 준비를 하고 다른 사람이 플레이를 할 때는 시야에 방해가 되지 않는 위치에 있어야 합니다.

　티잉 그라운드에서 대기하면서 스윙 연습을 할 때는 근처에 동반자가 없는지 확인하고 동반자나 캐디를 향해 스윙을 하게 되면 흙이나 돌이 튈 수 있어 위험하므로 주의해야 합니다. 또한 스윙할 때 잔디나 주변 나무를 손상시키지 않도록 살펴봅니다.

코스 내 페어웨이나 러프에서의 매너

코스에 나가서 가장 조심해야 할 것은 모두의 안전입니다. 급하다고 공을 치는 사람보다 먼저 앞으로 이동하지 않도록 조심해야 합니다. 또한 공을 치기 전에 앞에 사람이 없는지 확인하고 코스에서 일하는 사람에게는 주의를 주는 것이 좋습니다.

자신의 공이 있는 곳으로 갈 때는 신속하게 이동하되 예비 공 한 두개를 미리 주머니에 넣고 클럽도 두 세개 같이 가지고 가는 것이 좋습니다. 코스에서 스윙은 신중하게 해도 이동은 신속하게 하여 플레이가 지연되지 않도록 해야 합니다.

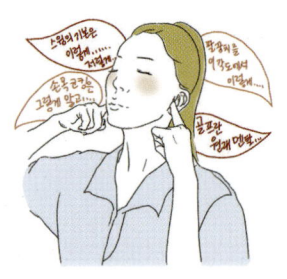

실력과 무관하게 코스에서의 과도한 스윙 레슨은 오히려 역효과가 큽니다. 거리나 코스 특징 그리고 클럽 선택에 대한 가벼운 조언은 괜찮지만 스윙 레슨을 하면서 플레이 시간을 지연시키거나 상대방을 불편하게 만드는 것은 민폐 중의 하나입니다.

퍼팅을 하는 그린에서의 매너

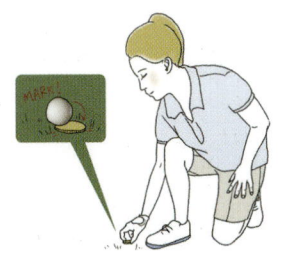

그린에 공이 올라가면 공을 집어서 이물질을 닦을 수 있습니다. 이 때 그냥 공을 집어서는 안되며 볼 마커로 홀 컵에서 먼 쪽, 즉 공 뒤에 마크를 하고 공을 집은 다음 캐디에게 건네줍니다. 캐디가 공을 닦아서 다시 주면 그 공을 원래 자리에 놓고 마크를 회수합니다.

공과 홀 컵 사이, 즉 공이 굴러가는 예상 경로인 퍼트 라인을 밟고 지나가지 않도록 주의해야 합니다. 특히 동반자의 퍼트 라인을 밟을 경우 상대방은 무척 불쾌하게 생각하므로 동반자의 퍼트 라인이 어디에 있는지 잘 확인하면서 조심스럽게 다녀야 합니다.

동반자가 퍼트 할 때 바로 뒤에 서서 쳐다 보거나 반대편 라인 선상에 서 있지 않아야 합니다. 어느 곳에 서 있든 퍼팅하는 동반자의 시야에 들어오지 않는 곳에 있어야 하고 내 그림자가 동반자의 퍼팅에 방해가 되지 않도록 주의를 기울이는 것도 매너입니다.

AN INSIGHT

Golf gives you an insight into human nature, your own as well as your opponent's.

_ Grantland Rice

1주차 스윙 만들기
2주차 공과의 만남
3주차 그립과 셋업
4주차 숏게임 스윙
5주차 칩앤펏 게임
6주차 스코어 전략
7주차 프리샷 루틴

ONUL GOLF
2부 7주만에 라운드

1주차

스윙 만들기

> "
> 스윙은 소리를 내는 것이
> 목적입니다
> "

공이 얼마나 멀리 날아가냐 하는 것은
힘이 아니라 클럽을 휘두르는 스피드로 결정됩니다.
클럽을 휘둘러 '휘익' 소리를 잘 내는 사람이 거리를 잘 내는 사람입니다.

CHAP 4 스윙이란

스윙의 기본 원리

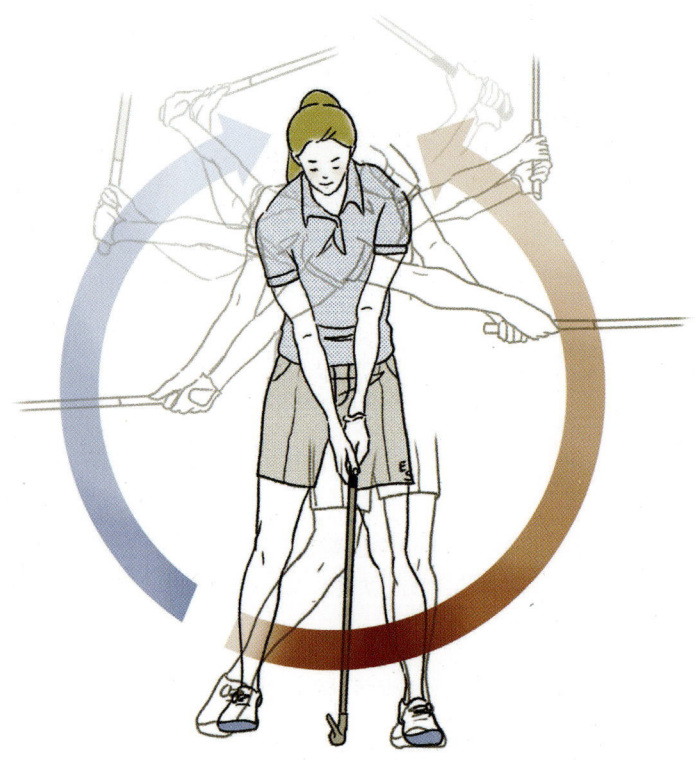

스윙의 가장 원형적인 모습은 원을 그리는 것이다.

스윙과 샷을 구분해서 보면 스윙의 기본 원리를 알 수 있다

스윙(Swing)은 공을 치기 위해 익히는 동작이라는 골프 용어입니다. 그런데 또 다른 용어로 샷(Shot)이라는 말도 있습니다. 드라이버 샷, 아이언 샷, 벙커 샷 등 어떤 클럽을 사용하든 실제로 공을 치는 행위를 할 때는 스윙이 아니라 샷이라는 말을 씁니다. 공을 치면 힘을 주게 되어 스윙의 기본 원리와 느낌을 알 수 없게 됩니다. 공이 있는 상태에서 하는 샷이라는 동작과 공이 없는 상태에서 하는 스윙이라는 동작을 구분해서 보면 그 차이를 확실히 알 수 있습니다.

스윙의 가장 원형적인 모습은 쥐불놀이와 같은 원 그리기이고 원리적으로는 그네 타기와 같은 동작입니다. 스윙을 할 때는 그네를 타는 느낌이 들어야 하고 스윙을 잘하는 요령도 그네를 잘 타는 요령과 같아야 합니다. 그네를 신나게 탄다고 팔에 힘을 더 주거나 과도하게 동작을 하지 않습니다. 이와 마찬가지로 스윙을 세게 하기 위해 더 힘을 주거나 과도한 동작을 할 필요가 없습니다. 그네 타는 느낌으로 꾸준히 반복하다 보면 불필요한 힘이나 동작이 줄어듭니다.

처음 스윙을 배울 때는 대부분 7번 아이언이라는 클럽으로 합니다. 골프는 길이와 무게가 각각 다른 여러 개의 클럽을 다양하게 활용하여 거리를 맞추는 게임으로 그 중에서 7번 아이언이 중간 사이즈로 스윙의 느낌을 이해하고 연습하는데 적당한 클럽입니다. 초보 골퍼가 드라이버와 같은 긴 클럽으로 올바른 스윙을 익히기에는 적합하지 않습니다. 7번 아이언으로 스윙하는 것이 제법 익숙해진 후에 그 다음 길이가 긴 클럽인 우드, 드라이버 순으로 넘어가는 것이 좋습니다.

스윙에 필요한 힘

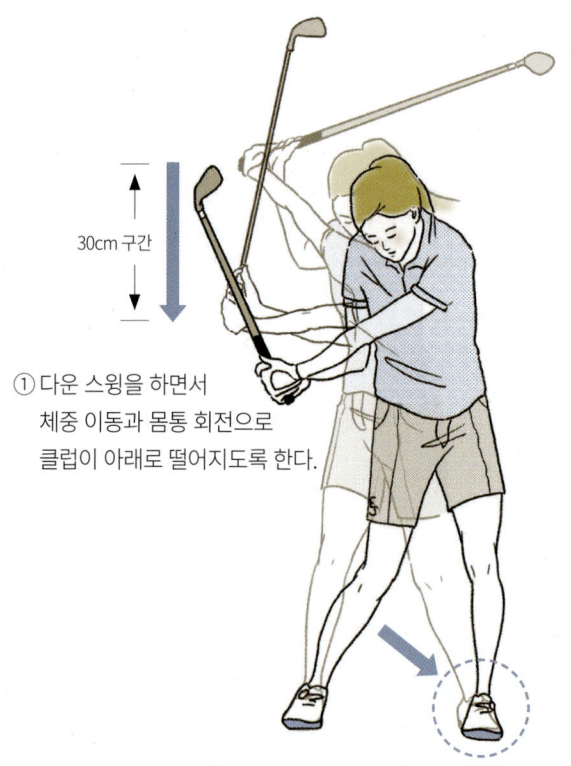

30cm 구간

① 다운 스윙을 하면서 체중 이동과 몸통 회전으로 클럽이 아래로 떨어지도록 한다.

② 체중 이동을 할 때는 왼발에 체중을 실어주면서 오른발 뒤꿈치를 살짝 뗀다.

내 힘을 쓰지 않아야 스윙을 잘할 수 있다

　스윙 동작이 쥐불놀이나 그네 타기와 같다고 하는 것은 지구가 도와주는 힘, 바로 중력을 이용한다는 공통점이 있기 때문입니다. 스윙을 하는데 필요한 힘의 80%가 중력이고 내가 쓰는 힘은 20%에 불과하며 이는 클럽을 잡고 버티는 정도의 힘입니다. 내 힘을 강하게 쓰면 쓸수록 오히려 스윙은 더 힘들어집니다. 그런데도 많은 골퍼들이 중력을 거부하고 오로지 내 힘으로만 공을 치려고 하니 공이 멀리 가지 않고 스윙은 점점 엉망이 되는 것입니다.

　내 힘을 쓰지 않고 중력을 잘 이용한 스윙을 하기 위해서는 다운 스윙을 할 때 팔 힘을 써서 클럽을 내리는 것이 아니라 잡고 있는 상태 그대로 클럽을 떨어트릴 수 있어야 합니다. 이는 그네를 탈 때 그네가 정점에서 그대로 내려오는 순간에 살짝 구르는 동작으로 속도를 내는 것과 같습니다. 스윙도 백 스윙 탑 정점에서 내려올 때 클럽이 그대로 떨어지도록 하되 살짝 구르는 동작과 같은 느낌으로 체중을 왼발에 실어 주면서 몸통을 회전하면 엄청난 속도로 클럽이 떨어집니다.

　공이 없는 상태에서 스윙 동작을 할 때는 그네 타는 느낌이 들면 일단 성공입니다. 그네는 지그재그로 다니지 않는다는 특징이 있습니다. 또한 그네가 가장 높이 올라간 정점에서 멈추지 않고 바로 내려오는 것처럼 스윙을 할 때도 그런 느낌으로 해야 합니다. 일정한 궤도로 클럽 헤드가 다니면서 올라간 상태에서 멈추지 않고 내려와야 그네 발판의 무게가 느껴지는 것처럼 클럽 헤드의 무게가 느껴집니다.

스윙의 최종 목적은 소리내기

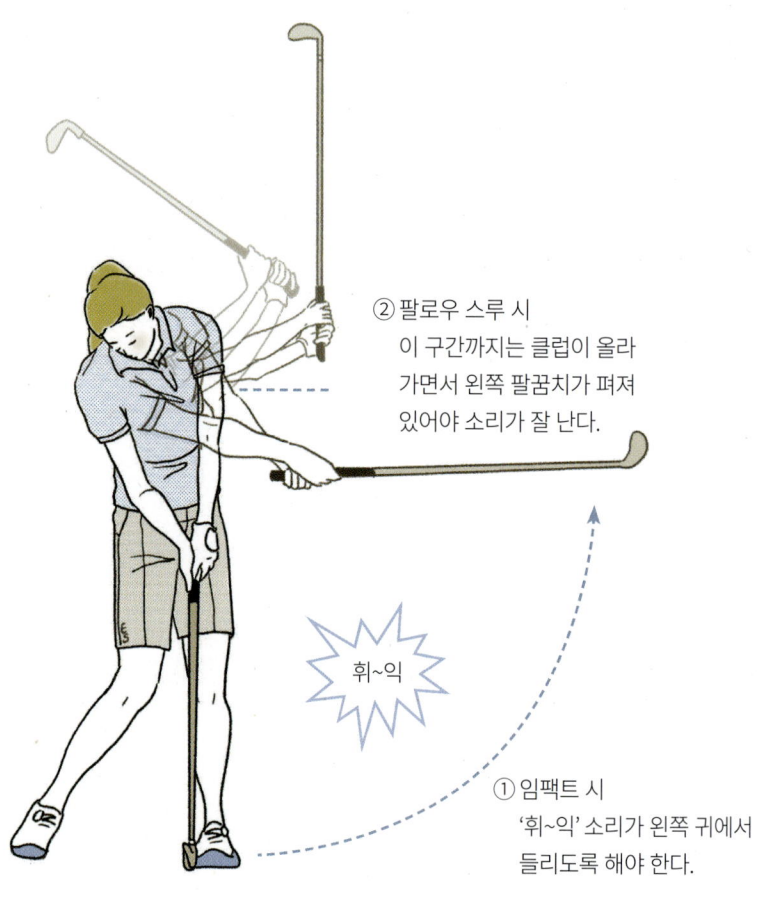

② 팔로우 스루 시
이 구간까지는 클럽이 올라가면서 왼쪽 팔꿈치가 펴져 있어야 소리가 잘 난다.

휘~익

① 임팩트 시
'휘~익' 소리가 왼쪽 귀에서 들리도록 해야 한다.

소리를 얼마나 잘 내느냐가 거리를 결정한다

그네를 타는 듯한 스윙이 익숙해지면 동작을 조금씩 크게 하면서 스피드를 내봅니다. '휘~익' 하는 바람 소리가 나도록 휘둘러야 하며 이 소리의 크기가 스피드입니다. 스윙을 잘한다는 것은 스피드를 잘 내는 것이고 이는 소리의 크기로 알 수 있습니다. 소리의 크기가 바로 거리입니다. 골프가 요구하는 거리를 보내기 위해서는 꽤 큰 소리를 내는 스윙을 할 수 있어야 합니다.

또한 소리가 오른쪽이나 왼쪽 중 어느 구간에서 나는지 들어 보세요. 이 소리의 크기와 소리가 나는 구간에 따라 임팩트(Impact)가 달라집니다. 소리가 내 몸 중앙의 바닥에 있는 한 점에서 나도록 스윙을 하면 왼쪽 귀에서 소리가 들립니다. 소리가 왼쪽에서 나야 공이 맞는 순간 최대 스피드 구간이 되어 그만큼 임팩트가 좋아집니다. 처음부터 왼쪽 귀에서 소리가 들리도록 동작을 만들어가야 합니다. 소리 내기에 익숙해지면 소리의 크기도 조절할 수 있습니다. 소리를 얼마나 일정하게 낼 수 있는가 하는 것이 연습의 핵심 포인트입니다.

소리를 크게 내기 위해 왼팔에 힘을 주게 되면 팔을 잡아 당기는 동작이 되어 왼쪽 팔꿈치가 구부러집니다. 이로 인해 오히려 스피드는 줄어듭니다. 팔로우 스루(Follow through)에서 왼팔이 어깨 높이까지 올 때까지는 펴져 있어야 제대로 휘두르는 동작이 됩니다. 팔 힘으로 하는 것이 아니라 몸통을 이용하여 클럽을 멀리 던지는 느낌으로 스윙을 하면 팔로우 스루까지 왼팔이 펴져 있게 됩니다.

단계별로 보는 스윙 자세

단계별 용어	설명
① 어드레스	샷을 하기 위해 스탠스를 적당한 넓이로 벌리고 상체를 숙여 공 가까이 클럽 페이스를 갖다 대는 단계
② 테이크 어웨이	왼쪽 어깨를 회전하여 클럽 헤드를 오른쪽(뒤쪽) 방향으로 천천히 들어 올리는 단계
③ 백 스윙	양 팔이 어깨 높이에 올라왔을 때 클럽은 왼 팔과 직각이 되도록 세워져 있는 하프 스윙의 단계
④ 백 스윙 탑	클럽이 가장 높이 올려져 있는 상태로 클럽 헤드가 목표 지점을 가리키고 있는 단계
⑤ 다운 스윙	공을 향해 클럽을 내리는 동작으로 몸통 회전을 통해 백 스윙 탑에서 임팩트까지 클럽을 떨어트리는 단계
⑥ 임팩트	클럽 헤드와 공이 만나는 순간으로 너무 빠른 시간에 이루어져 임의로는 만들 수 없는 찰나의 단계
⑦ 팔로우 스루	임팩트 이후 원심력으로 만들어진 스윙으로 인해 두 팔이 목표 방향으로 뻗어지는 단계
⑧ 팔로우 스윙	팔로우 스루 단계를 지나 오른팔이 어깨 높이에 올라왔을 때 클럽이 수직으로 세워져 있는 단계
⑨ 피니시	몸은 목표 방향으로 향해 있고 체중이 왼발로 90% 이상 넘어가 똑바로 서 있는 스윙의 마지막 단계

① 어드레스 (Address)

　어드레스는 골프 스윙의 첫 단계로, 몸의 자세입니다. 먼저 스탠스 (Stance)는 양 발의 위치를 정하는 것으로 보통 겨드랑이 폭 정도로 서는 것이 좋고 드라이버는 어깨 넓이로 넓게 섭니다. 그 다음은 클럽을 잡고 상체를 숙여 클럽 헤드를 바닥에 놓습니다.

　등은 곧게 펴고 무릎을 살짝 구부려 안정적인 동작이 가능하도록 자세를 잡습니다. 또한 아이언을 잡은 두 손과 몸 사이에는 주먹 하나가 들어갈 정도의 간격을 두어 양 팔이 몸에서 너무 멀어지지 않도록 해야 합니다. 드라이버의 경우 두 손과 몸 사이의 간격이 주먹 하나 반 정도 됩니다. 이 때 체중은 발의 앞 쪽에 실려 있어야 안정감이 있고 운동성이 좋아집니다.

② 테이크 어웨이 (Take away)

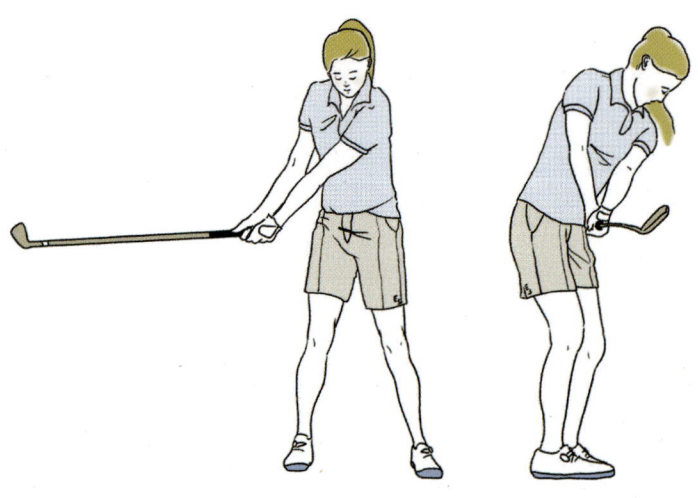

스윙을 시작하면서 클럽을 오른쪽 방향으로 낮고 길게 들어 올려 클럽 샤프트가 지면과 수평이거나 약간 더 올라가있는 단계를 테이크 어웨이라고 합니다. 손 힘으로 클럽을 들어 올리는 것이 아니라 어깨와 몸통을 천천히 회전하여 클럽 헤드를 멀리 보내주는 느낌으로 동작을 하는 것이 중요하며 손목을 쓰게 되면 클럽 헤드가 몸 뒤로 빠져나가 스윙 궤도가 틀어집니다.

또한 어드레스를 할 때부터 그립을 확실하게 잡고 오른쪽 무릎 안쪽에 힘을 주어 견고하게 하체를 잡고 서 있어야 테이크 어웨이를 시작할 때 안정감 있는 동작을 할 수 있습니다. 이 동작은 서두르지 말고 여유 있게 하는 것이 매우 중요합니다.

③ 백 스윙 (Back swing)

왼팔을 곧게 편 상태에서 어깨 높이까지 들어 올리면 클럽은 지면에 대해 수직으로 세워지고 왼팔과 클럽 샤프트의 각도가 직각이 됩니다. 이를 만들기 위해 일부러 손목 코킹을 하는 것이 아니라 나란히 하듯이 팔을 올리면 클럽은 수직으로 세워집니다. 백 스윙에서 중요하게 체크를 해야 할 단계로 하프 스윙 (Half swing)이라는 말을 씁니다.

기술적으로는 지면에 대해 상체를 숙인 상태인 척추각을 그대로 유지하고 왼쪽 어깨는 거의 오른쪽 발 안쪽까지 회전한 모습입니다. 머리를 너무 움직이지 않으려고 하면 몸이 왼쪽으로 기울어지면서 등판이 역 C자 모양으로 휘는 리버스 피봇 (Reverse pivot) 현상이 생기므로 상체 회전에 따라 머리가 조금 따라가는 것은 문제가 없습니다.

④ 백 스윙 탑 (Back swing top)

  이 동작의 원래 명칭은 탑 오브 스윙 (Top of swing)으로 백 스윙이 가장 높은 위치에 있는 단계입니다. 골퍼의 유연성에 따라 스윙의 크기가 달라지기도 하고 왼팔이 구부러지기도 하는데 중요한 것은 동작의 크기나 모양보다 백 스윙 탑에서 상체를 숙인 상태를 유지하여 척추각이 변하지 않도록 하는 것입니다.

  백 스윙 탑에서 클럽 샤프트가 지면과 평행해지거나 1~2시 방향을 가리키는 것은 문제없지만 백 스윙을 지나치게 크게 하다 보면 왼팔이 구부러지고 오버 스윙이 되면서 상체가 들려 헤드가 지면 방향으로 기울어집니다. 이는 다운 스윙을 어렵게 만들 뿐만 아니라 스윙 스피드를 현저하게 떨어뜨리는 원인이 됩니다.

⑤ 다운 스윙 (Down swing)

 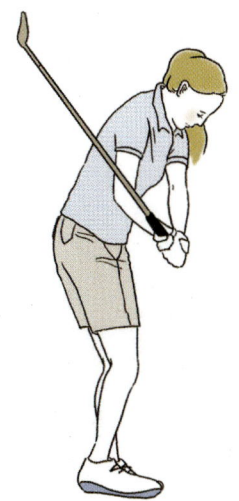

백 스윙 탑에서 전환(Transition)을 시작하는 것이 다운 스윙입니다. 다운 스윙은 팔로 클럽을 끌고 내려오는 것이 아니라 왼쪽으로의 몸통 회전에 의해 자연스럽게 클럽이 떨어지도록 해야 합니다. 몸통 꼬임을 한 상태에서 코킹(Cocking)을 유지하고 손목에 힘이 들어가지 않도록 해야 하는데 이 모든 것을 동시에 진행하는 것은 쉽지 않습니다.

또한 다운 스윙은 백 스윙 단계에서 상체를 최대한 회전하여 만든 꼬임을 다시 풀어 주기 시작하는 단계이기도 합니다. 이 때 팔에 힘을 주어 클럽을 내리면 손목의 코킹이 빨리 풀려 스피드를 제대로 낼 수 없게 되므로 팔보다는 하체가 다운 스윙을 리드하도록 해야 합니다. 이 동작은 워낙 짧은 시간에 이루어지기 때문에 많은 연습을 해야 합니다.

⑥ 임팩트 (Impact)

 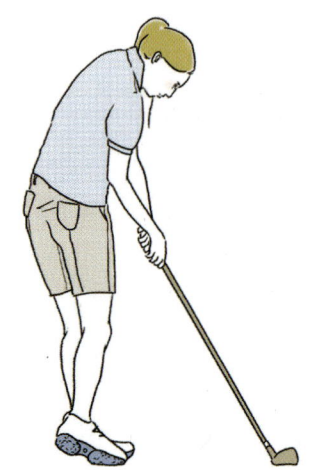

　임팩트는 클럽 헤드와 공이 만나는 순간입니다. 이 때 공이 헤드의 어느 부분에 닿는지 또 헤드가 어떤 방향을 보고 있는지에 따라 엄청난 결과의 차이가 생깁니다. 클럽 헤드 가운데에 공이 맞고 헤드면이 목표 방향을 향해 있는 것이 가장 이상적인 모습이지만 사람의 능력으로는 0.2초도 채 되지 않는 짧은 임팩트 순간을 조절할 수 없습니다.

　임팩트는 안정된 어드레스, 리듬감 있는 백 스윙과 몸통 회전을 이용한 다운 스윙의 결과물입니다. 초보 골퍼의 경우 다운 스윙 시 상체도 같이 들려 공을 치기도 전에 헤드 업 (Head up)을 하거나 상체가 왼쪽으로 기울어지면서 균형이 흐트러지기 쉽습니다. 체중 이동은 했지만 공이 맞는 순간까지 상체와 머리가 오른쪽에 그대로 남아 있어야 합니다.

⑦ 팔로우 스루(Follow through)

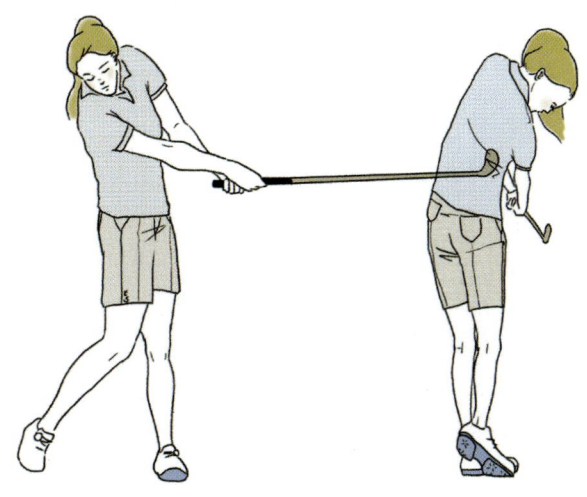

이상적인 팔로우 스루는 임팩트 구간을 지나면서 양 팔이 타겟 방향으로 펴진 상태로 클럽 헤드가 목표를 보고 있고 체중 이동이 잘되어 왼발로 안정되게 서 있으면서 상체는 어드레스 했을 때의 자리에 그대로 있는 모습입니다. 그러나 임팩트와 마찬가지로 내가 조절하거나 만들 수 있는 동작이 아닙니다.

팔이나 상체의 힘으로 스윙을 하면 상체가 타겟 방향으로 따라가기도 하고 팔꿈치가 구부러지는 경우가 많습니다. 이는 임팩트 순간 힘이 제대로 전달되지 않고 상체에 남아 있어서 생기는 현상입니다. 클럽을 타겟 방향으로 멀리 던지겠다는 마음으로 확실하게 하체를 이용해야 올바른 팔로우 스루가 만들어집니다.

⑧ 팔로우 스윙 (Follow swing)

　팔로우 스윙은 백 스윙과 대칭이 된 동작입니다. 백 스윙을 할 때 상체를 숙인 상태를 잘 유지해야 하듯이 팔로우 스윙에서도 여전히 상체를 숙이고 오른쪽 어깨가 왼쪽 어깨보다 낮은 위치에 있는 상태를 유지할 수 있어야 합니다. 이 구간까지 왼팔이 곧게 펴져 있어야 올바른 스윙 궤도를 유지하고 있는 것입니다.

　스피드를 내기 위해 왼팔에 힘을 주면 팔꿈치가 펴지지 않고 클럽을 잡아 당기면서 구부러지는 동작을 하게 됩니다. 또한 눈 앞에 있는 공을 치려고 하면 힘을 주게 되어 팔로우 스윙이 잘 되지 않습니다. 공 없이 스윙 동작만으로 백 스윙과 대칭이 되도록 팔로우 스윙을 만드는 연습을 꾸준히 하는 것이 좋습니다.

⑨ 피니시 (Finish)

스윙 단계의 마지막인 피니시는 올바른 스윙의 결과물입니다. 스윙에서 가장 아름다운 모습은 체중이 왼발에 완전히 실려 있으면서 오른쪽 발바닥이 다 보이도록 세워져 있고 배꼽과 상체가 타겟 방향을 가리키면서 안정되게 서 있는 것입니다. 공을 친 후 이 자세를 2~3초 정도 유지하다 보면 전체적으로 균형있는 스윙을 만들 수 있습니다.

대부분 피니시가 잘 안될 때는 공을 힘으로 끊어 치듯이 하기 때문입니다. 하체가 주도하는 스윙이 아니라 상체로 스윙을 하다 보니 공을 치고 난 후에도 상체에 힘이 그대로 남아 있어 스윙 밸런스가 흐트러지는 것입니다. 또한 머리는 스윙의 중심입니다. 중심을 잘 잡은 상태에서 몸통 회전을 해야 멋진 피니시가 됩니다.

CHAP 5 스윙 스피드를 늘리는 요령

몸통으로 스윙 하기

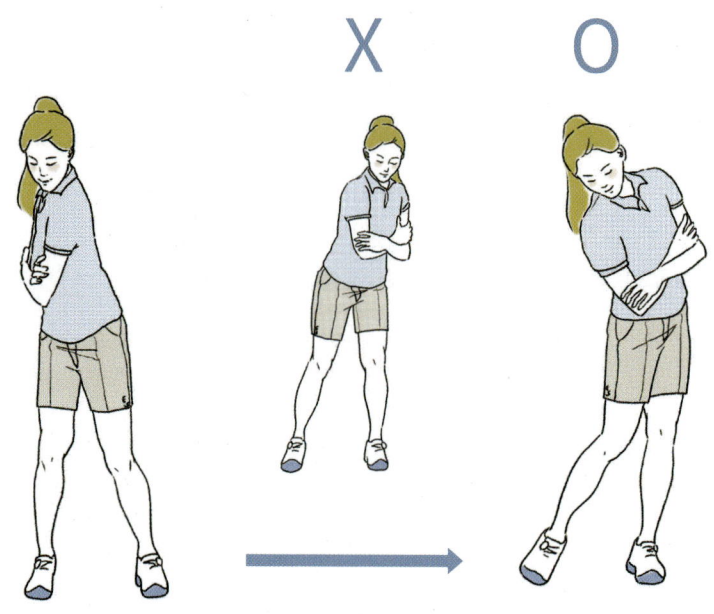

하체 중심의 스윙을 해야 상체가 타겟 방향으로 따라가지 않는다.

몸통 스윙의 핵심은 왼발에 체중을 실어주는 것이다

　스윙 스피드를 늘리는 첫 번째 요령은 몸통으로 스윙을 하는 것입니다. 즉 몸을 잘 쓸 줄 알아야 합니다. 1부에서 언급한 스윙을 잘하기 위한 몸동작 중에서 몸통 회전(47p)이 바로 몸통 스윙 동작입니다. 몸을 쓴다는 것은 상체 중심의 스윙이 아니라 하체 중심의 스윙을 하는 것입니다. 하체를 이용한 동작을 잘해야 더 큰 스피드를 낼 수 있고 일관된 동작을 할 수 있습니다.

　왼쪽 방향으로 회전을 할 때는 왼발에 체중을 실어 주면서 골반을 돌릴 수 있어야 하며 이 때 머리가 흔들리거나 상체가 같이 돌아가지 않도록 주의해야 합니다. 또한 처음에는 편하게 서서 몸통 회전을 하지만 좀 더 익숙해지면 상체를 숙이고 양쪽 무릎을 살짝 구부려 단단히 버틴 상태에서 골프 자세를 취한 다음에 몸통 스윙을 연습합니다. 이렇게 해야 오른쪽으로 몸통 회전을 할 때 상체의 꼬임이 생기며 이 꼬임이 곧 스피드의 원천이 됩니다.

　몸통 스윙은 보행, 즉 걷는 동작과 비슷합니다. 체중 이동을 한다는 관점에서는 동일한 원리이므로 몸통 스윙을 연습할 때는 걷는 느낌으로 해야 금방 자연스러워집니다. 이 연습은 꼭 골프연습장에 와서 클럽을 잡고 할 필요는 없습니다. 일상에서 집이나 사무실 어디든 틈나는 대로 연습하는 것이 좋고 거울을 보고 하는 것도 매우 효과적입니다. 몸통 스윙을 꾸준히 연습하면 자연스러운 스윙을 만드는데 좋은 기초가 되고 스윙을 원활하게 할 수 있는 몸 상태를 유지할 수 있습니다.

손목을 부드럽게 유지하기

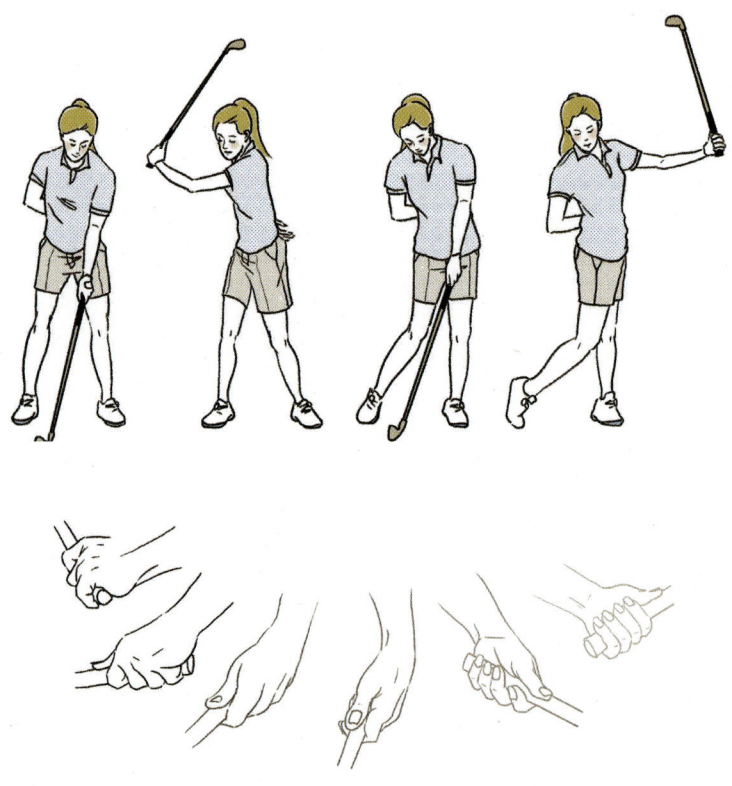

힘을 뺀다고 그립을 헐렁하게 잡으면 한 손으로 하는 스윙은 결코 할 수 없다.

손목은 힘을 빼는 것이 아니라 부드럽게 만들어야 한다

　골프 스윙을 할 때 가장 많이 듣는 말 중의 하나가 손목에 힘을 빼라고 하는 것입니다. 골프 속담에 손목 힘 빼는데 3년 걸린다고 할 정도로 어려운 것 중의 하나입니다. 사실 힘을 빼는 것이 아니라 부드럽게 유지해야 스피드를 잘 낼 수 있습니다. 그러나 손목을 부드럽게 만든다고 해서 그립을 풀거나 헐렁하게 잡으면 안됩니다. 이는 한 손으로 클럽을 잡고 스윙을 해보면 바로 알게 됩니다. 처음부터 놓치지 않을 만큼 단단하게 잡고 있어야 한손 스윙을 할 수 있습니다.

　손목의 움직임에 관해 자주 언급하는 용어가 '손목 코킹'이라는 말입니다. 사전적으로는 손목을 위아래로 꺾었다 풀어 주는 것을 말하는데 이 동작에 너무 신경을 쓰다 보면 손목에 힘이 들어가거나 불편한 스윙이 됩니다. 백 스윙을 해서 왼팔이 어깨 높이 근처에 왔을 때 클럽이 수직으로 서 있다면 코킹을 제대로 한 것이므로 그 이상 손목을 꺾으려고 할 필요가 없습니다.

　한 손으로 스윙 연습을 꾸준히 하는 것도 좋은 연습 방법입니다. 클럽을 왼손 한 손으로 잡고 오른쪽으로 백 스윙을 하면서 클럽을 세운 후 몸통 회전을 하면서 왼쪽으로 왼손을 뻗어 주고 클럽을 다시 세워 좌우가 대칭이 되도록 하는 것입니다. 이 때 손목에 힘을 주지 않고 클럽 헤드의 무게로 자연스럽게 회전되도록 하는 것이 중요하며 상체가 따라가지 않도록 균형을 잘 잡아야 합니다. 오른손으로도 동일한 동작을 해봅니다.

나만의 고유한 리듬 만들기

 스피드를 늘리는 요령 중 또 한 가지는 리듬을 잘 타는 것입니다. 공을 멀리 치는 골퍼가 리듬이 좋은 골퍼를 이길 수 없다는 말이 있을 정도로 리듬의 중요성을 강조합니다. 스윙은 8분의 6박자 왈츠와 같은 리듬이며 이 리듬을 빨리 잘 타는 비결은 노래를 하는 것입니다.

 노래를 부르면서 스윙을 하면 노래에 몸 동작이 따라오고 그냥 스윙을 하면 몸 동작에 리듬이 따라갑니다. 몸이 빨라지면 리듬도 빨라집니다. 스윙 리듬을 맞추기에 좋은 노래로는 '에델바이스'가 있습니다. 이제부터 내 귀에 들리도록 노래하면서 스윙 리듬을 연습해 봅니다.

중   약   약

자신만의 스윙 리듬에 강약을 넣는다

어느 정도 리듬이 일정해지면 이 리듬에 강약을 추가합니다. '하나 둘 셋 둘 둘 셋' 리듬을 탈 때 네 번째 '둘' 박자에 강한 리듬을 주는 것입니다. '중 약 약 강 약 약'으로 강약을 넣은 리듬을 타면 훨씬 더 빠른 스피드를 낼 수 있습니다. 단 강약을 넣는다고 해서 백 스윙이 빨라지지 않도록 해야 합니다.

오랜 구력을 가지신 어르신들이 거리는 짧고 스윙 폼은 어색해도 좋은 스코어를 유지하는 것은 자신만의 스윙 리듬을 가지고 있기 때문입니다. 스윙 연습을 할 때 항상 리듬을 염두에 두고 일정한 리듬과 템포가 만들어질 때까지 꾸준히 해야 합니다.

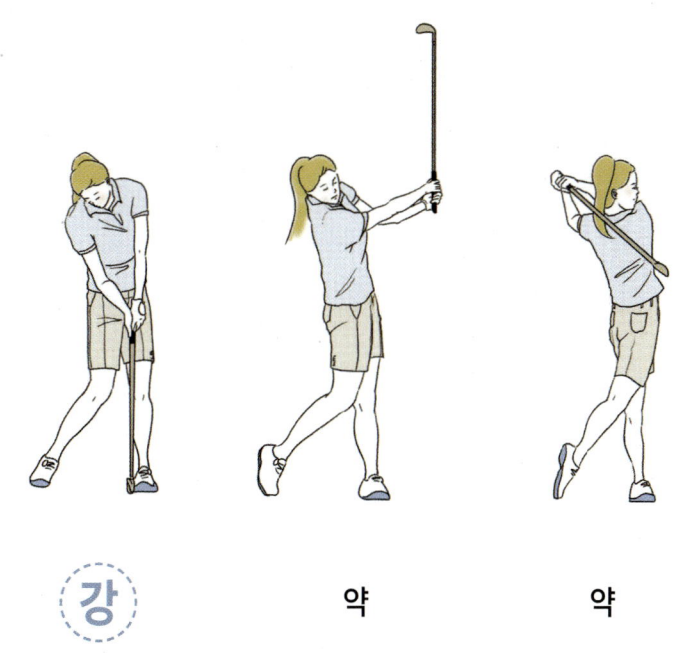

CHAP 6 올바른 스윙 연습 방법

스윙의 일관성 확보하기

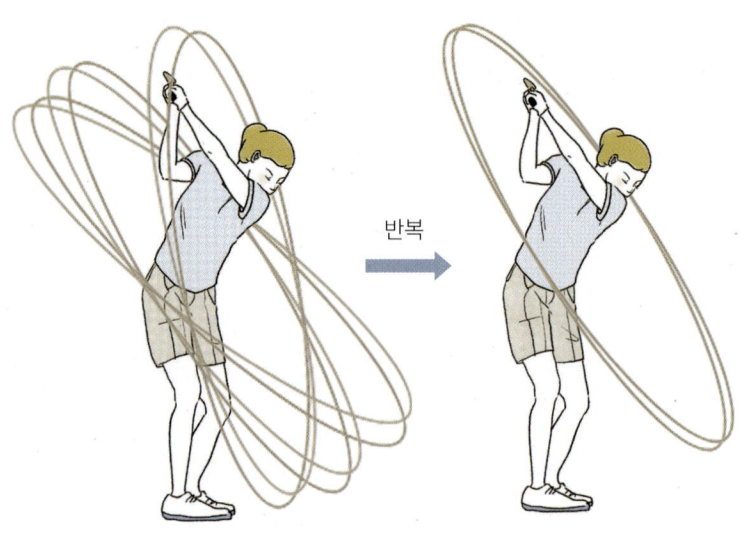

불안정한 스윙 궤도 → 반복 → 일정한 스윙 궤도

최소한 만 번의 빈 스윙을 해야 스윙의 일관성이 확보된다

스윙 동작이 익숙해지고 스피드가 나기 시작하면 빨리 공을 치고 싶은 마음이 앞서게 됩니다. 그러나 초보 골퍼의 스윙은 궤도가 불안정하고 울퉁불퉁하여 이런 상태로 공을 치면 천지사방으로 날아갈 것입니다. 스윙 궤도를 일정하게 만들어 스윙의 일관성을 확보하는 것이 공을 치는 것보다 우선입니다.

스윙의 일관성은 반복을 통해 자연스럽게 몸에 습득이 되도록 해야 만들어지는 것인데 공을 많이 치면 칠수록 스윙이 몸에 자리 잡기 어렵습니다. 앞으로 골프를 하는데 있어 반드시 골프연습장에서 클럽을 잡고 공을 쳐야 연습이 된다는 고정 관념을 버리고 일상에서 스윙에 필요한 몸동작 연습을 병행해서 하면 훨씬 더 빠른 시간 안에 스윙의 일관성을 확보할 수 있습니다

하루에 조깅을 30분 정도 실천하면 건강해진다는 것을 누구나 알고 있지만 매일 실천하는 것은 쉽지 않습니다. 이는 조깅하는 방법을 몰라서 그런 것이 아니라 습관이 되어 있지 않기 때문입니다. 스윙 연습도 이와 같습니다. 스윙이라는 동작이 어려운 것이 아니라 똑같은 동작을 매일 반복하는 것이 힘든 것입니다. 하루 20분, 일부러 시간을 내어 연습하지말고 자투리 시간을 이용하여 꾸준히 실천하는 생활 속 연습 습관으로 만드는 것이 중요합니다.

스윙의 효율성 높이기

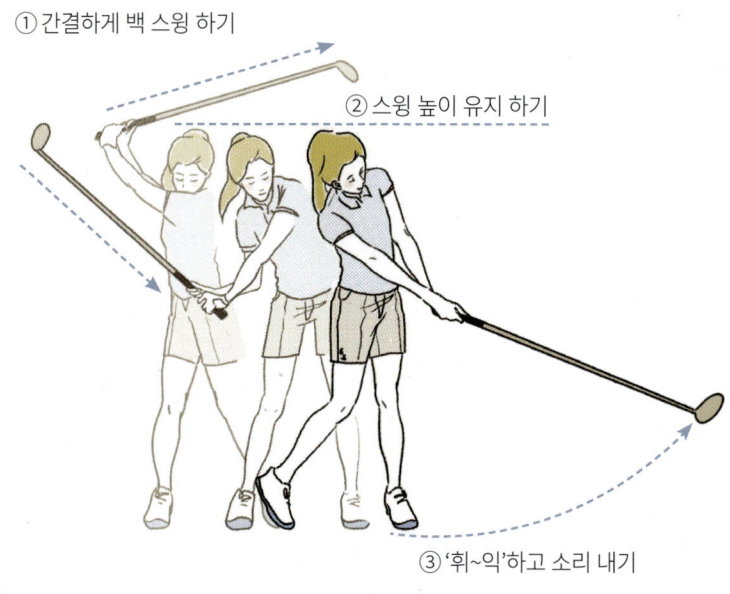

① 간결하게 백 스윙 하기
② 스윙 높이 유지 하기
③ '휘~익'하고 소리 내기

좋은 스윙은 상체의 움직임을 최소화하는 것이다.

간결한 백 스윙은 공에 최대의 에너지가 전달되도록 해준다

　백 스윙을 잘한다는 것은 몸통 회전을 통해 상체의 꼬임을 만들어 공에 전달할 에너지를 축적했다는 것입니다. 이 에너지가 다운 스윙 과정에서 골프 클럽을 통해 공으로 전달되면서 공이 멀리 날아갑니다. 즉 임팩트 순간 공에 최대 에너지가 전달된 것이며 이 때 공을 쳤다는 느낌보다는 가볍게 휘둘렀다는 느낌이 듭니다.

　그러나 공을 치면 백 스윙이 지나치게 커지는 오버 스윙을 많이 하게 됩니다. 동작을 크게 해야 공을 멀리 보낼 수 있다고 생각하는 것입니다. 그러나 백 스윙이 커지면 왼팔이 굽혀지거나 손목 코킹을 많이 하게 되어 이로 인해 다운 스윙 할 때 불필요한 동작을 야기합니다. 백 스윙을 크게 하는 것보다 간결하게 해야 에너지가 빠져나가지 않고 축적된 에너지를 다운 스윙을 할 때 효율적으로 사용할 수 있습니다.

　간결한 백 스윙은 공을 치지 않는 빈 스윙 단계에서부터 연습해야 합니다. 백 스윙이 커질수록 백 스윙 탑에서 상체가 들려 스윙의 높이가 달라집니다. 백 스윙을 절반만 해도 충분하다는 생각으로 해야 동작이 간결해지고 스윙의 높이를 잘 유지하게 됩니다. 즉 스윙의 효율이 높아지려면 상체의 움직임을 최소화하는 것입니다. 이런 동작은 설명을 듣거나 외우는 것이 아니라 반복을 통해 익숙하게 만들어야 합니다.

한 점을 치고 지나가기

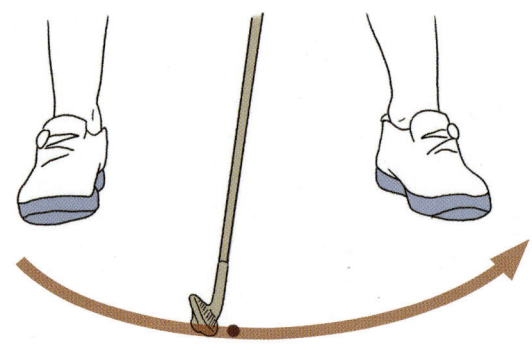

바닥의 한 점에 시선을 두면서 치고 지나가는 스윙을 한다.

눈을 감고 스윙을 해도 바닥에 있는 한 점을 칠 수 있어야 한다

　빈 스윙을 꾸준히 반복해야 궤도와 리듬이 좋아집니다. 눈을 감고 휘둘러도 클럽 헤드가 지나가는 궤도가 일정하게 그려져야 하며 이것이 스윙을 잘하는 첫 번째 관문입니다. 이제 내 몸 중앙의 바닥에 한 점을 찍어놓고 클럽 헤드가 그 점에 닿는 스윙을 해봅니다. 상체를 앞으로 숙여 클럽 헤드가 바닥에 닿게 하고 숙인 상태에서 스윙을 하면 헤드가 바닥을 치고 지나가는 동작이 될 것입니다. 바닥을 정확하게 치는 스윙을 하는 것이 두 번째 관문입니다.

　바닥을 치는 연습을 할 때는 연속해서 치지 말고 매번 그립과 어드레스를 풀었다 다시 잡고 한 점에 시선을 끝까지 두면서 한 번씩 바닥을 치고 나가는 스윙을 하는 것이 좋습니다. 계속해서 바닥만 치면 힘이 들어가면서 스윙이 흐트러지고 몸에도 좋지 않은 영향을 줍니다. 또한 스윙할 때처럼 스피드를 충분히 낼 수 있어야 바닥을 칠 때 생기는 충격을 이겨낼 수 있습니다.

　이 연습은 공을 치는 것이 아니라 내 몸의 가운데에 있는 한 점에 집중하여 아무 생각없이 그 점을 정확하게 치고 지나가는 스윙 동작을 할 수 있어야 합니다. 그래야 공을 멀리 보내거나 세게 치려는 무리한 동작을 하지 않게 됩니다. 또한 이 작은 점을 무심하게 스윙하듯이 치고 지나갈 수 있다면 그만큼 스윙이 안정되고 집중력도 향상된 것입니다.

2주차
공과의 만남

> **"**
>
> 공은 허상입니다
>
> **"**

스윙이 어려운 이유는 생각할 시간이 너무 많다는 것입니다.
공을 치거나 때리려는 시도보다는 그저 클럽을 휘두르며 지나가는데
그 자리에 공이 놓여 있을 뿐이라는 발상의 전환이 필요합니다.

CHAP 7 공을 치기 위한 준비

공이 놓여야 할 위치의 발견

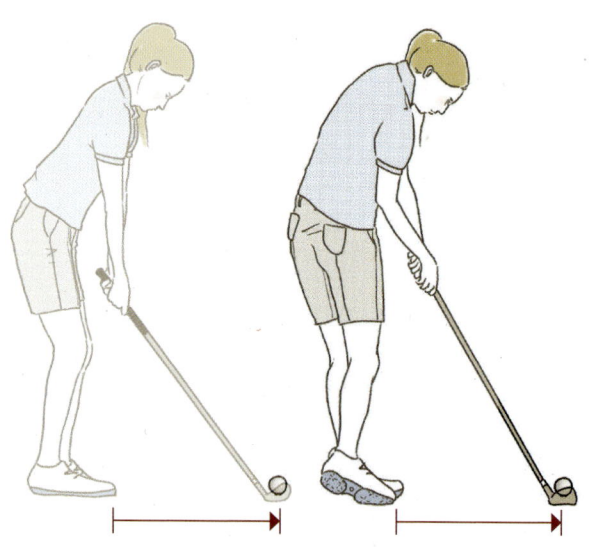

바닥의 한 점을 일정하게 치고 지나갈 수 있다면 공의 위치를 찾은 것이다. 이제는 그 점에 공을 놓고 치는 연습을 시작한다.

눈을 감고 휘둘러도 일정하게 지나가는 위치에 공이 있다

어느 정도 한 점을 일정하게 치고 지나가면 그 다음은 그 점 위에 공을 놓고 똑같은 스윙 동작을 해 봅니다. 억지스러운 동작을 하지 않고 공 없이 연습했던 것처럼 자연스럽게 바닥을 치고 지나갈 수 있어야 합니다. 공이 날아가는 결과에 관심을 두지 말고 클럽 헤드가 바닥에 닿았는지에 집중합니다. 클럽 헤드가 바닥에 제대로 닿았다면 손이 아프지 않고 맞는 느낌이 다르게 느껴집니다.

바닥을 친다고 생각하면 자신도 모르게 힘을 주게 되어 궤도가 바뀝니다. 어떤 경우에는 바닥을 치는 순간 몸에 충격이 올 것이 걱정이 되어 겁을 먹고 피하는 헛스윙을 하기도 합니다. 바닥을 치는 동작을 한다고 해서 힘을 주거나 겁을 먹지 않고 원래 스윙을 그대로 유지할 수 있다면 공이 놓여야 할 위치를 제대로 찾은 것입니다. 이는 내가 공을 치거나 때리는 것이 아니라 그저 휘두르고 지나가는 자리에 공이 놓여 있다는 획기적인 발상의 전환입니다.

처음에는 몸의 중앙에 있는 한 점 위에 공을 놓고 치지만 체중 이동을 잘 한다는 전제 하에 보면 아이언 7번으로 공을 칠 때 공의 위치는 가운데보다 공 한 개 정도 왼쪽입니다. 클럽 별로 정확한 공의 위치를 찾는 것도 과제 중의 하나입니다. 또한 공을 치는 연습을 할 때 시선은 공을 보는 것이 아니라 바닥 전체를 볼 수 있는 훈련을 병행해서 하는 것이 좋습니다.

공은 허상일 뿐

아이언 샷을 할 때 좋은 이미지는 물탕 튀기기와 같은 동작이다.

이미지화 훈련을 통해 공을 쉽게 칠 수 있어야 한다

　공을 칠 때 힘을 주는 것은 공이나 바닥을 딱딱한 물체로 인식하기 때문입니다. 클럽이 가만 있을 때의 무게는 아이언은 400g, 드라이버는 300g 전후의 가벼운 물건이지만 휙 소리가 나도록 휘두를 때 클럽 헤드의 파괴력은 순식간에 수백 kg 이상의 강한 물건이 됩니다. 그 순간의 속도가 워낙 빠르다 보니 바닥을 치고 지나가는 느낌만 있을 뿐 공은 아무 것도 없는 허상이 되는 것입니다.

　그러나 아무리 공은 없는 것이라고 생각해도 눈에 보이면 힘이 들어갈 수 밖에 없습니다. 이럴 때는 공을 치는 것보다 이미지를 그리거나 공이 아닌 것을 놓고 샷을 연습하는 것이 더 효과적입니다. 비비탄이나 스치로폴 공과 같은 작고 가벼운 물건을 바닥에 놓고 쳐보면 굳이 세게 치거나 멀리 쳐야 한다는 생각이 들지 않으므로 좀 더 편하게 스윙 동작에 집중할 수 있습니다.

　아이언으로 공을 칠 때 좋은 이미지는 물탕 튀기기입니다. 물탕 튀기기를 해보면 손이 아프지 않습니다. 그것은 물의 속성에 비해 내 손이 엄청 강한 물건이므로 물의 저항을 이기고 나가는 것입니다. 클럽을 휘두른다는 것도 이와 비슷합니다. 클럽을 휘둘러서 스피드를 낼 때의 클럽 헤드가 가지는 파괴력은 마치 물과 내 손의 관계와 같아져 공을 쳐도 손에 아무런 저항이 느껴지지 않습니다.

일정한 스윙 궤도의 유지

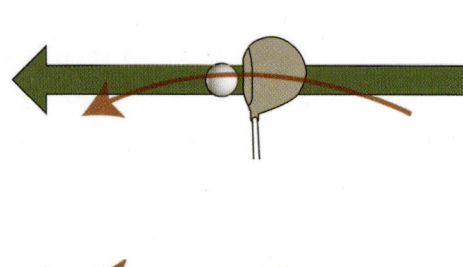

인-인 궤도
임팩트시 안쪽에서 내려와
안쪽으로 나가는 스윙 궤도

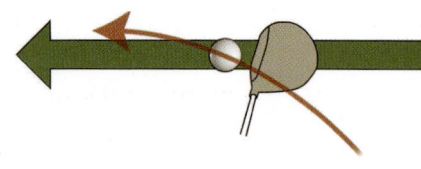

인-아웃 궤도
임팩트시 안쪽에서 내려와
바깥쪽으로 나가는 스윙 궤도

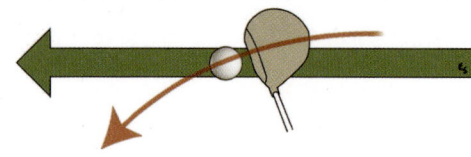

아웃-인 궤도
임팩트시 바깥쪽에서 내려와
안쪽으로 나가는 스윙 궤도

개인의 스윙 스타일에 따라 스윙 궤도가 정해진다

스윙 궤도는 클럽의 종류마다 다릅니다. 길이가 긴 드라이버는 평평한 스윙 궤도가 만들어지고 9번 아이언처럼 짧은 클럽은 가파른 스윙 궤도가 만들어집니다. 이렇게 클럽 별로 스윙 궤도는 달라지지만 궤도의 모양은 모두 동일합니다. 스윙의 궤도면이 항상 일정해야 한다는 것입니다. 손목을 많이 쓰거나 몸통 회전을 충분히 하지 않으면 스윙 궤도면이 틀어져 공을 정확하게 맞출 수 없습니다.

초보 골퍼는 대부분 다운 스윙을 할 때 백 스윙 궤도보다 바깥쪽으로 출발하여 임팩트 순간 안쪽으로 나가는 아웃-인 궤도를 그립니다. 팔로만 휘두르다 보니 손이 몸에서 멀어지게 되고 그 결과 팔은 당겨지고 클럽 페이스는 열리면서 공이 오른쪽으로 휘어지는 슬라이스를 냅니다. 다만 다운 스윙은 너무 짧은 시간에 이루어지는 동작이어서 어떻게 맞았는지 모른다는 것입니다.

좋은 스윙 궤도는 다운 스윙을 할 때 백 스윙 궤도보다 안쪽으로 출발하여 임팩트를 지나서 다시 안으로 나가는 인-인 궤도입니다. 이런 궤도는 다운 스윙을 시작하면서 백 스윙 궤도보다 다운 스윙 궤도가 안쪽으로 내려오도록 하는 것입니다. 그래야 정확하게 공을 치기 위한 스윙 궤도를 만들 수 있습니다. 단 지나치게 인사이드 궤도를 만들려고 하다 보면 백 스윙을 할 때부터 몸 뒤로 클럽을 보내어 스윙 궤도가 틀어지는 경우도 있으니 주의해야 합니다.

CHAP 8 클럽 별 샷 완성하기

아이언 샷

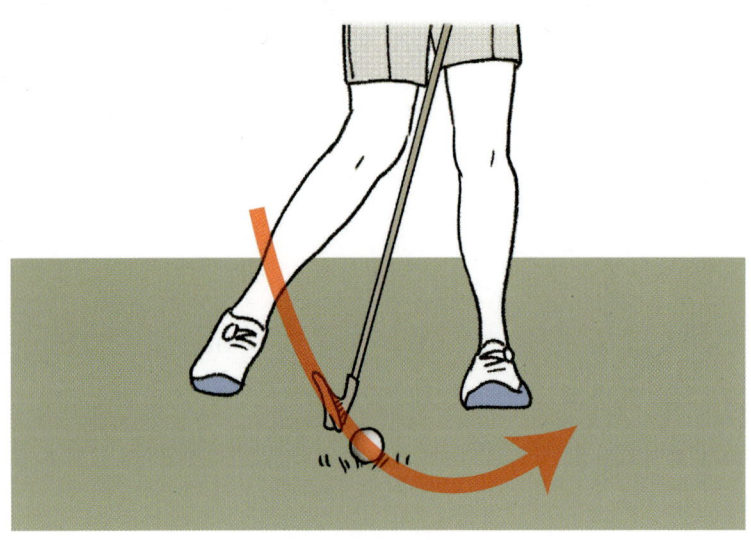

아이언 샷은 공을 먼저 맞추고 잔디를 쳐야 한다.

아이언 샷의 목적은 디봇 만들기이다

아이언은 거리보다는 정확성을 필요로 하는 클럽으로 여러 개를 한 세트로 구성합니다. 각 아이언에는 번호가 적혀 있고 번호가 클수록 길이는 짧아지고 로프트는 커져 클럽마다 일정한 거리 차이가 납니다. 그러나 아이언마다 거리 차이가 나도록 공을 치기 위해서는 공이 아닌 잔디를 칠 수 있어야 합니다. 잔디를 쳐야 헤드의 정 가운데인 스윗 스팟 (Sweet spot)에 공이 맞습니다.

아이언으로 공 아래 잔디를 치면 손바닥만한 잔디 뗏장이 떨어져 나갑니다. 이를 디봇 (Divot)이라고 합니다. 공만 맞추게 되면 탑핑 (Topping)이 되고 공보다 잔디를 먼저 치면 뒤땅 (Duffing)이라는 미스 샷이 생겨 원하는 거리를 보낼 수 없습니다. 공을 먼저 맞추고 잔디를 쳐야 헤드 면에 공이 잠시 붙었다가 날아가면서 강력한 스핀이 발생합니다. 이 때 손에 물컹하는 느낌이 들고 힘을 많이 주지 않았는데도 공은 멀리 날아갑니다.

아이언은 헤드가 스윙의 최저점에 도달하기 직전에 임팩트가 이루어집니다. 즉 공을 먼저 맞추고 잔디를 쳐야 공에 스핀이 걸려 적당히 뜨기도 하고 그린에 공이 올라가면 바로 멈추게 됩니다. 이를 골프 용어로는 다운블로 샷 (Downblow shot)이라고 합니다. 내려치는 궤도에서 공이 맞는다는 의미입니다. 이렇게 디봇을 만들만큼 충분한 스피드를 내려면 백 스윙을 간결하게 하고 몸통 회전을 확실히 해야 합니다.

페어웨이 우드 샷

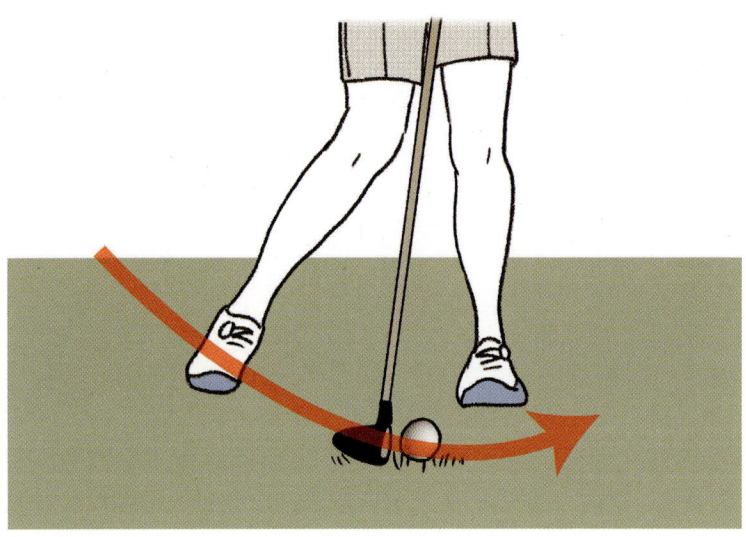

페어웨이 우드는 공보다 오른쪽 바로 아래 바닥을 보고 내려쳐야 한다.

페어웨이 우드나 유틸리티 우드도 내려치는 궤도를 만들어야 한다

페어웨이 우드는 드라이버 다음으로 공을 멀리 보낼 수 있는 클럽입니다. 파5홀과 같은 긴 홀에서 먼 거리를 보내기 위해 사용할 줄 알아야 하고 특히 여성 골퍼의 경우에는 거리가 짧게 가는 아이언보다 사용 빈도가 훨씬 많습니다. 그러나 클럽의 길이가 길면서 로프트는 작아 잔디 위에 있는 공을 정확하게 맞추는 것이 쉽지 않습니다.

이 때 유용하게 사용할 수 있는 클럽이 유틸리티 우드입니다. 페어웨이 우드보다 전체 길이가 짧아 거리는 덜 가지만 정확하게 공을 맞추기 쉽고 아이언보다는 길고 헤드가 커서 거리를 더 멀리 보낼 수 있는 장점이 있어 초보 골퍼 뿐만 아니라 많은 여성 골퍼들도 5번 이상의 롱 아이언 대신 사용합니다. 로프트가 22도인 4번 유틸리티 우드가 사용하기 적합한 클럽입니다.

우드도 아이언처럼 내려치는 궤도의 스윙을 할 수 있어야 합니다. 그러나 아이언과는 달리 헤드 아래 부분이 납작하기 때문에 공을 먼저 맞추게 되면 공이 땅에 박혀 버립니다. 이를 방지하기 위해 공의 위치를 아이언 샷을 할 때의 위치보다 공 1~2개 정도 왼쪽으로 옮기고 시선은 공의 오른쪽 바로 아래 바닥에 두는 것이 좋습니다. 공을 띄우려는 생각에 퍼올리는 동작을 해서는 안되며 공보다는 잔디를 보고 자신 있게 내려치면 공은 떠서 날아갑니다.

드라이버 샷

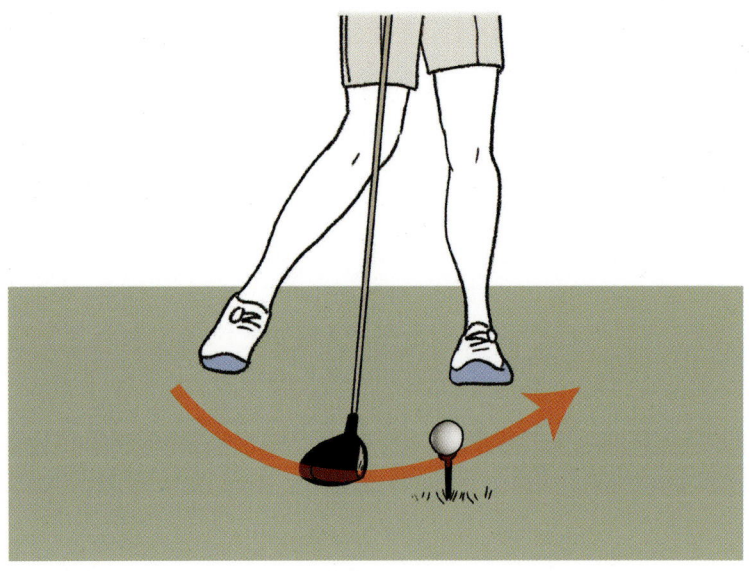

드라이버는 공보다 오른쪽 뒤, 스윙의 최저점을 보고 던져야 한다.

드라이버 샷이 어려운 이유는 멀리 쳐야 한다는 생각 때문이다

　드라이버는 주로 파4홀과 파5홀에서 첫 번째 샷을 할 때 사용하는 클럽입니다. 지면에 티를 꽂아 그 위에 올려 놓고 친다고 하여 티 샷이라고도 합니다. 최대한 공을 멀리 보낼 수 있어야 게임에 유리하고 자신감도 생기지만 티 샷에서 실수를 하면 심리적으로도 위축이 되어 다음 샷도 덩달아 안되는 경우가 많습니다.

　클럽의 길이가 길기 때문에 멀리 치려고 힘을 주면 공이 날아가다 과도하게 휘기도 하고 헛스윙하는 경우도 많습니다. 또한 공중에 공이 떠 있으므로 우드나 아이언처럼 내려 치는 궤도의 스윙을 하면 공을 띄우는 것이 어렵습니다. 공의 오른쪽 바닥을 보고 뒤에서부터 휘두른다는 느낌으로 스윙하여 올라가는 궤도에서 공이 맞도록 해야 합니다. 이를 위해 공의 위치는 왼발 뒤꿈치 안쪽 라인에 두는 것이 좋습니다.

　드라이버로 공을 쳐서 무한정 멀리 보낼 수 있는 것은 아닙니다. 개인의 스윙 궤도나 스피드에 따라 비거리가 달라집니다. 아마추어 골퍼의 드라이버 평균 비거리를 보면 남성은 180m, 여성은 130m 정도입니다. 어쩌다 한번 잘 맞아서 멀리 날아간 비거리를 자신의 평균 비거리라고 생각하면 안됩니다. 또한 거리를 조금 더 보내려고 하는 욕심에 오히려 거리가 줄고 빗맞는 것입니다. 평균 비거리만 보내도 충분히 같이 어울리며 게임하는데 지장이 없으므로 세게 치는 것보다 차분한 마음으로 편안하게 치는 것이 좋습니다.

스윙은 하나다

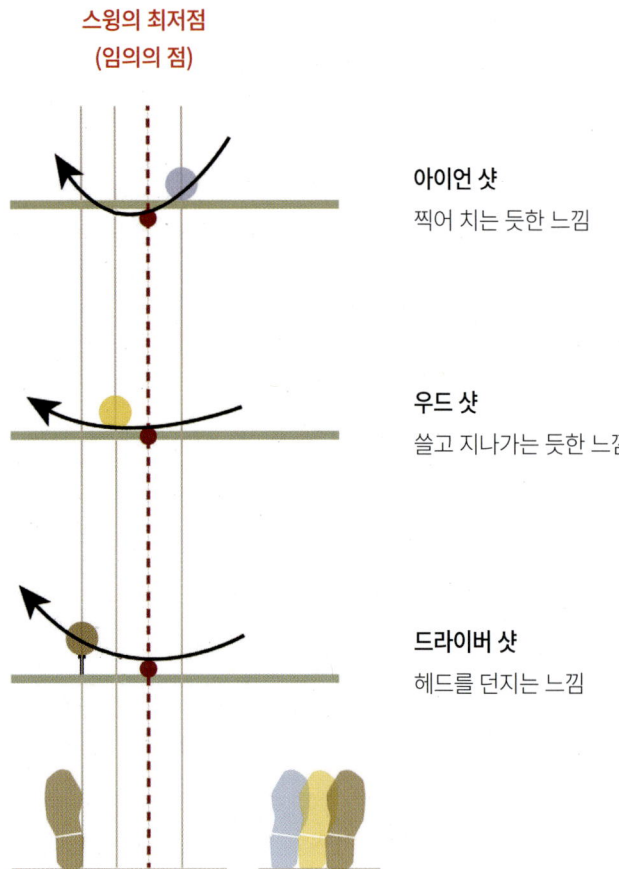

어떤 클럽을 휘두르든 소리내기를 잘하면 된다

많은 사람들이 클럽마다 스윙은 다르다고 말합니다. 아이언은 찍어 치라고 하고 우드는 쓸어 치라고 하고 드라이버는 던지라며 마치 클럽마다 다른 동작을 해야 하는 것처럼 말합니다. 이는 잘못된 생각입니다. 스윙은 오직 하나입니다. 어떤 클럽을 휘두르든 소리, 즉 스피드를 잘 내면 됩니다. 단지 공을 칠 때 클럽의 길이와 용도가 다르기 때문에 공을 놓는 위치가 달라지고 결과적으로 얻는 느낌이 달라지는 것입니다.

아이언은 바닥을 찍어 치는 듯한 느낌은 들지만 찍는 동작을 한 것은 아니고 우드는 바닥을 치면 쓸고 지나가는 느낌이 드는데 그렇다고 쓸어 치는 동작을 한 것은 아닙니다. 드라이버는 공중에 떠 있는 공을 치는 것이므로 클럽 헤드가 바닥에 닿지 않아 헤드를 던지는 듯한 느낌은 들지만 던지는 동작을 하는 것은 아닙니다. 클럽마다 다른 동작을 하는 것처럼 스윙을 하면 그만큼 복잡해지고 어려워집니다.

본격적으로 공을 치다 보면 드라이버는 잘 맞는데 아이언이 맞지 않는다고 하고 아이언은 맞는데 우드가 잘 맞지 않는다고 말하는 경우가 많습니다. 이 또한 스윙 동작에 대한 오해에서 비롯되는 것입니다. 스윙은 소리를 잘 낸다는 관점에서 보면 어떤 클럽을 사용하든 공이 잘 맞아야 합니다. 특정 클럽이 맞지 않으면 우선 공의 위치가 잘못 되지는 않았는지, 공을 친 후 결과적인 느낌이 다르지는 않는지 체크를 해 보는 것이 좋습니다.

CHAP 9 골퍼의 로망 비거리 늘리기

상체에서 하체 중심의 스윙

② 왼쪽 어깨를 오른쪽 발 위까지 보낸다.

① 오른쪽 무릎 안쪽에 힘을 주어 버틴다.

몸통 회전을 충분히 하려면 백 스윙을 천천히 해야 한다

많은 아마추어 골퍼들이 거리를 내기 위해 성급하게 백 스윙을 하는 경우가 많습니다. 스윙을 크게 하는 것도 문제이지만 스윙이 너무 빠른 것이 더 큰 문제입니다. 팔로 클럽을 들어 올리려고 하면 백 스윙은 빨라지고 몸통 꼬임 (Coiling)이 생기지 않습니다. 무엇보다 백 스윙을 천천히 하여 왼쪽 어깨를 충분히 회전시키고 등이 목표를 볼 수 있을 정도로 몸통 꼬임을 만드는 것이 포인트입니다.

큰 망치로 못의 머리 부분을 친다고 상상해 보세요. 못을 세게 박는다고 해서 망치를 빨리 들어 올리지는 않습니다. 천천히 들어 올리면서 못의 머리를 확실하게 겨냥하고 내려쳐야 못을 박을 수 있습니다. 공을 치는 것도 같은 이치입니다. 공을 치려고 하다 보면 다운 스윙을 할 때 힘을 주거나 주춤하게 되는 경우가 많습니다. 주춤하는 순간 헤드 스피드는 현저히 줄어듭니다. 자신의 스윙을 믿고 망설임 없이 휘둘러야 합니다.

이렇게 몸통 꼬임을 통해 에너지를 축적하는 것이 비거리의 원천이므로 이 꼬임이 제대로 이루어지려면 무엇보다 하체가 단단하게 받쳐 주어야 합니다. 셋업을 하면서 무릎을 살짝 구부리고 무릎 안쪽에 힘을 주어야 백 스윙을 할 때 하체가 오른쪽으로 밀리는 스웨이 (Sway) 현상이 생기지 않고 몸통의 꼬임도 제대로 만들어집니다. 이것이 바로 하체 중심의 스윙입니다.

백 스윙 탑에서 궤도 점검

오른쪽 무릎이 펴지거나 손목을 잘못 쓰면 스윙 궤도가 틀어진다.

백 스윙 탑에서 클럽 헤드가 등 뒤에 있는 느낌이 들도록 한다

아마추어 골퍼가 범하는 스윙 오류 중에서 쉽게 고쳐지지 않는 동작 중에 하나가 오버 스윙입니다. 공을 멀리 보내야 한다는 생각에 지나치게 백 스윙을 크게 하다 보니 오히려 스윙의 밸런스가 흐트러지고 스피드가 현저히 줄어드는 현상이 생기는 것입니다. 또한 백 스윙이 커지면 몸통 회전이 되지 않고 상체가 들리면서 스윙 궤도가 흐트러지는 경우도 많이 있습니다.

그러나 오버 스윙보다 더 큰 문제는 클럽 헤드가 올바른 스윙 궤도를 이탈하는 현상입니다. 백 스윙을 크게 해도 스윙 궤도를 벗어나지 않으면 공을 정확하게 칠 수 있으나 백 스윙을 작게 했는데도 클럽 헤드가 궤도를 이탈하게 되면 다시 원래 궤도로 돌아오려는 보상 작용을 하게 되어 정확한 샷을 하기 어려워집니다. 백 스윙 탑에서 클럽 헤드가 자신의 등 뒤 또는 타겟 방향을 가리키지 않고 타겟보다 오른쪽 방향을 가리키고 있다면 이는 잘못된 스윙 동작입니다.

이렇게 백 스윙 탑에서 클럽 헤드가 스윙 궤도를 이탈하는 것은 오른손 손목의 잘못된 움직임이 주된 원인입니다. 우선 백 스윙을 천천히 하면서 클럽 헤드의 움직임에 집중하고 백 스윙 탑으로 올라가면서 클럽 헤드가 등 뒤에 있는 것처럼 느껴지면 올바른 궤도를 그리고 있는 것입니다. 이 때 오른손 손바닥이 마치 45도 정도 비스듬히 하늘을 보고 있는 듯이 있어야 클럽 헤드가 궤도를 벗어나지 않습니다.

레이트 히트가 비거리의 원천

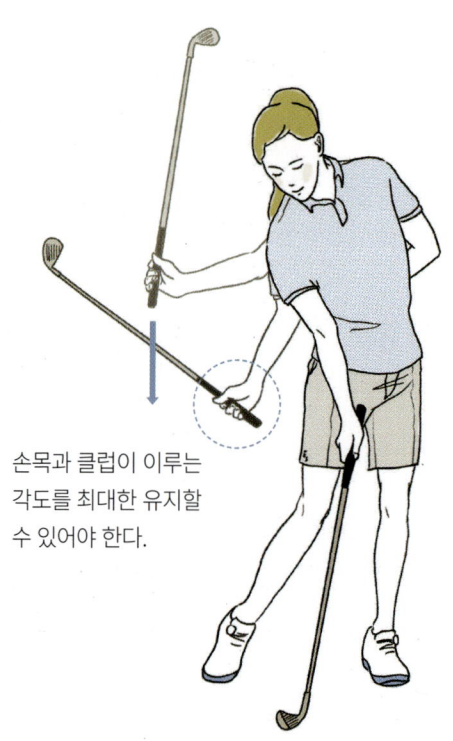

손목과 클럽이 이루는 각도를 최대한 유지할 수 있어야 한다.

오른쪽 손목의 코킹이 풀리지 않도록 잘 참는다

　헤드 스피드는 공을 멀리 보내기 위한 클럽 헤드의 속도입니다. 이 속도는 힘으로 내는 것이 아니라 '레이트 히트 (Late hit)'가 원동력입니다. 다운 스윙에서 얼마나 이 동작을 잘하느냐에 따라 비거리가 달라집니다. 레이트 히트는 다운 스윙을 할 때 오른 손목의 코킹이 풀리지 않은 상태를 최대한 유지하여 클럽 헤드의 리턴 동작을 최대한 늦춤으로 순간 가속력을 증가시키는 기술입니다.

　다운 스윙을 할 때 손목을 움직이지 않고 클럽을 떨어트리듯이 팔을 내리면 오른 손바닥이 정면을 향하게 됩니다. 이 상태를 레이트 히트라고 하며 이 동작을 잘하면 같은 힘을 주고도 두 배 이상의 스피드를 낼 수 있습니다. 그러나 많은 골퍼들이 다운 스윙을 할 때 공을 치려는 마음이 앞선 나머지 오른쪽 손바닥이 공을 향하면서 엎어 치는 동작을 하게 되어 스피드를 낼 수 없게 됩니다.

　레이트 히트는 하체의 강한 리드가 있어야 제 기능을 발휘할 수 있습니다. 백 스윙을 할 때는 오른쪽 무릎이 바깥쪽으로 밀리지 않도록 무릎 안쪽에 힘을 주고 버텨야 하고 임팩트 순간에는 왼쪽 무릎을 굳게 펴면서 벽을 만들듯이 설 수 있어야 합니다. 그래야 체중이 확실하게 왼발에 실어진 상태에서 머리는 오른발 위에 그대로 남아 있게 되고 상체가 아닌 하체 동작으로 확실한 리드를 하게 되어 비거리를 제대로 낼 수 있습니다.

임팩트는 신기루

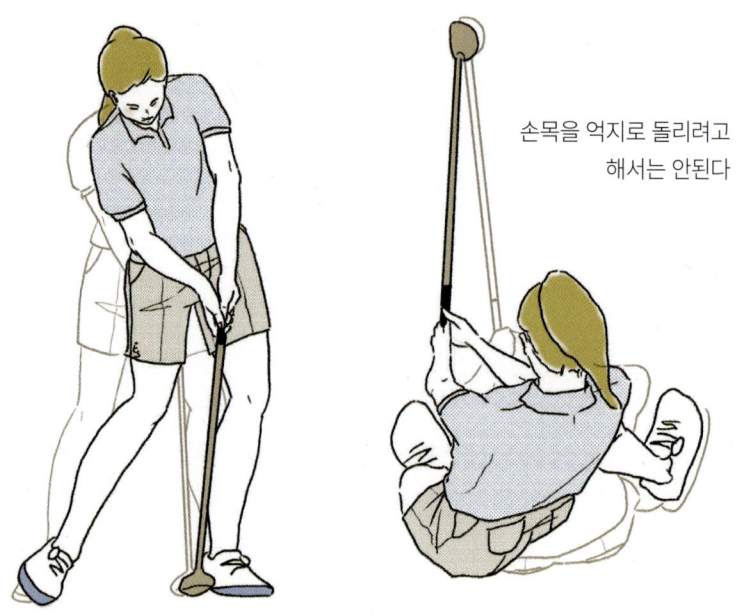

손목을 억지로 돌리려고 해서는 안된다

임팩트 순간 체중은 전부 왼발로 이동된 상태이다.

임팩트는 올바른 스윙 동작의 결과물이다

　임팩트는 공과 클럽 헤드가 만나는 단계로 눈 깜짝할 사이에 이루어지는 동작이라 의식적으로 만들 수 없습니다. 임팩트는 그 전에 행해진 스윙 동작들, 즉 스트롱 그립, 올바른 셋업, 리드미컬한 백 스윙 그리고 강력한 몸통 회전으로 자연스럽게 달성되는 것입니다. 다시 말하면 올바른 스윙 동작에 의해 임팩트가 만들어지는 것이지 임의로 만들 수 있는 것이 아닙니다.

　임팩트는 신기루입니다. 현대 카메라 기술이 발달하여 고속 카메라로 사진을 찍어 임팩트 순간의 모습을 보여주다 보니 마치 의도적으로 만들 수 있는 동작으로 착각을 하게 됩니다. 이 동작만으로는 헤드 스피드나 헤드가 그리는 스윙 궤도에 대해 그 어떤 것도 이야기해 주지 않습니다. 또한 0.2초도 되지 않는 짧은 시간에 사람이 할 수 있는 것은 아무것도 없습니다. 임팩트를 만들려는 시도 자체가 스피드를 감속시키는 원인이 됩니다.

　좋은 임팩트는 체중 이동에 있습니다. 임팩트 순간 체중은 모두 왼발에 실려 있어야 하고 오른발은 살짝 들린 상태여야 합니다. 체중이 거의 오른발에 남아 있지 않았다는 것입니다. 체중 이동이란 걷는 것처럼 체중을 확실히 실어준다는 사실을 잊지 않아야 합니다. 임팩트 이후에도 오른발 뒤꿈치가 아직 바닥에 남아 있다면 스윙을 할 때 몸 전체를 이용하지 않았다는 뜻입니다.

3주차

그립과 셋업

> " 그립과 셋업은 이미
> 만들어져 있어야 합니다 "

본격적으로 공을 치는 단계가 되면 그립과 셋업, 즉 골프 클럽을 잡는 방법과 자세가 중요해 집니다. 어떻게 클럽을 잡고 어떻게 자세를 취하는가에 따라 공이 날아가는 방향과 거리가 결정되기 때문입니다.

CHAP 10 그립과 셋업의 중요성

9가지 공의 구질

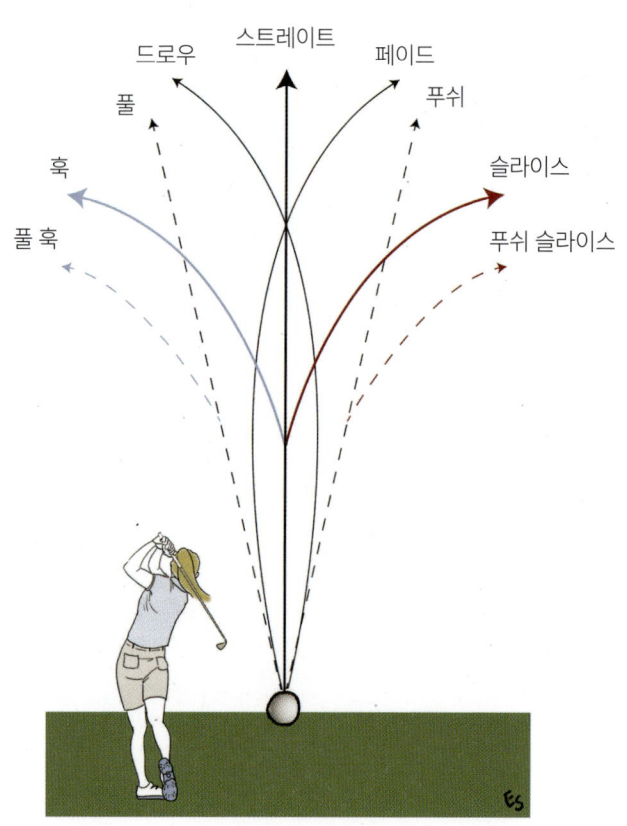

똑바로 가는 구질보다 일정한 방향의 구질을 만들어야 한다

공을 치다 보면 생각만큼 공이 똑바로 가지 않고 오른쪽이나 왼쪽으로 휘어지는 경우가 많습니다. 게다가 잘 뜨지도 않고 거리도 얼마 가지 않아 당황하게 됩니다. 왜 공이 잘 안 맞는지 고민하기 전에 먼저 공이 잘 맞기 위해서는 두 가지 물리적인 요소가 성립되어야 함을 이해해야 합니다. 하나는 방향각으로 공이 타겟 방향으로 똑바로 날아가면 방향각이 0도가 됩니다. 타겟보다 오른쪽으로 가면 플러스(+)각이 생긴 것이고 왼쪽으로 가면 마이너스(-)각이 생긴 것입니다.

또 하나는 스핀 (Spin)으로 공을 치는 순간 강력한 회전이 생겨 공이 멀리 가기도 하고 높이 뜨기도 하는 것입니다. 단위는 RPM (Rotation Per Minute)으로 분당 회전수를 의미합니다. 이 스핀은 백 스핀과 사이드 스핀으로 구분됩니다. 헤드면과 공이 정확하게 목표 방향에 대해 수직으로 만나면 백 스핀이 생겨 똑바로 가지만 빗겨 맞으면 오른쪽 또는 왼쪽으로 휘어지는 사이드 스핀이 생깁니다.

공이 똑바로 날아가려면 방향각이 0도여야 하고 사이드 스핀이 0 RPM이 나와야 하는데 이는 불가능하다고 보아야 합니다. 결국 공을 하나 치면 방향각과 사이드 스핀에 의해 어떤 형태로든 다른 방향으로 가거나 휘어지게 되어 있습니다. 이렇게 공이 날아가는 방향이 9가지로 정해지며 이를 구질 또는 경향성이라고 합니다. 또한 아직 공을 정확하게 맞추지 못해 평균 비거리보다 짧게 가는 경우도 많으므로 원하는 거리만큼 똑바로 공이 날아 갈 확률은 거의 없습니다.

구질을 결정하는 그립

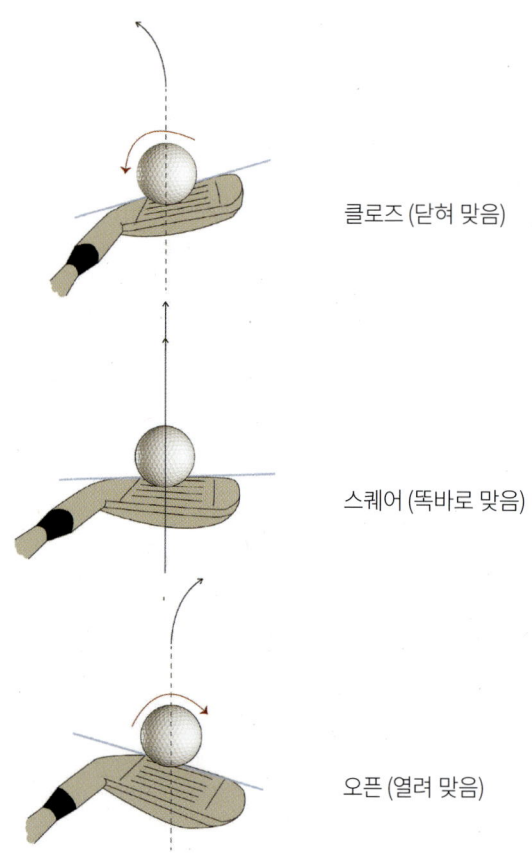

클로즈 (닫혀 맞음)

스퀘어 (똑바로 맞음)

오픈 (열려 맞음)

임팩트 순간 헤드면과 공이 만나는 모양에 따라 공이 날아가는 방향이 달라진다.

공이 휘는 개념을 알면 자신의 구질을 만들 수 있다

　헤드와 공이 만나는 순간 헤드면이 오른쪽 방향을 보고 있다면 이를 열려 맞았다고 합니다. 이 때 공은 날아가다 오른쪽으로 휘어집니다. 반대로 헤드면이 왼쪽 방향을 보고 있다면 이를 닫혀 맞았다고 하고 공은 날아가다 왼쪽으로 휘어집니다. 공이 휘어지는 것은 사이드 스핀 때문입니다. 얼마나 많이 휘어지는가는 사이드 스핀양에 따라 달라집니다. 사이드 스핀이 많이 생길수록 그만큼 많이 휘는 것을 의미하기에 헤드면과 공이 만나는 순간의 모양이 휘어지는 정도, 즉 구질을 결정짓는 중요한 요소입니다.

　그러나 헤드면과 공이 만나는 순간은 눈 깜짝할 사이에 이루어지는 고속 구간이므로 내가 조절한다고 해서 만들어지는 것이 아닙니다. 이는 공을 치기 전에 이미 결정되어 있다는 사실을 알아야 합니다. 바로 그립에 의해서 결정됩니다. 그립을 잡고 있는 힘과 모양에 따라서 헤드면과 공이 만나는 모양이 결정되므로 스윙을 할 때 일관되게 그립을 잡으면 공이 날아가는 방향도 일정해진다는 것입니다.

　골프에서는 공이 똑바로 가는 것보다 오른쪽 또는 왼쪽으로 일정하게 공이 휘는 구질을 가지고 있는 것이 좋습니다. 올바른 그립을 일정하게 잡으면 구질이 일정해지고 구질이 일정해지면 코스 공략이 훨씬 더 쉬워집니다. 또한 공이 휘는 개념을 정확하게 알고 있으면 공을 의도적으로 휘게 하는 것도 가능해집니다. 이제 그립을 잡는 연습을 병행하여 올바른 그립법에 익숙해져야 합니다.

비거리를 결정하는 셋업

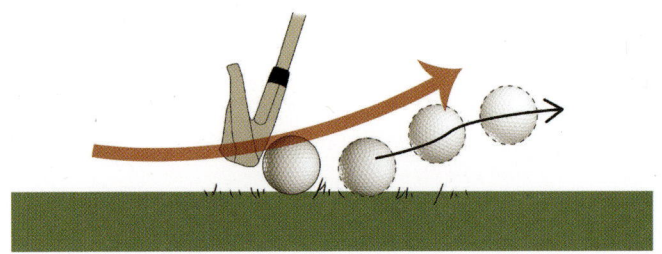

탑핑 : 공의 머리를 치는 미스 샷으로 공이 뜨지 않고 땅볼로 간다.

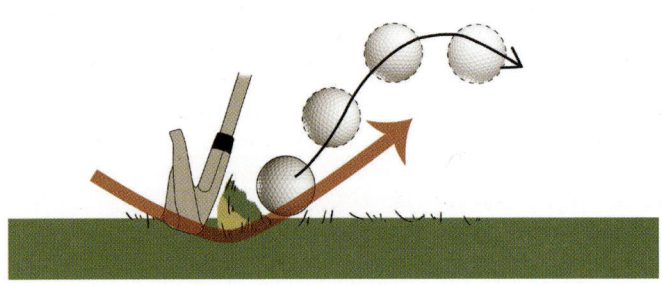

뒤땅 : 공보다 땅을 심하게 치는 미스 샷으로 공은 뜨지만 거리가 짧게 간다.

최대 비거리보다 평균 비거리를 알고 있어야 한다

골프 게임을 할 때 공을 얼마나 멀리 쳐야 좋을까요? 클럽 별로 정해진 비거리가 있는 것이 아닙니다. 개인의 스윙 스타일이나 스피드에 따라 보낼 수 있는 비거리는 달라지며 동일한 클럽을 사용해도 개인별로 거리는 다릅니다. 여러 개 친 것 중에 가장 잘 맞은 거리를 기준으로 삼지 말고 클럽 별로 평균 비거리가 어느 정도 나오는지 파악하는 것이 우선입니다.

평균 비거리가 나오기 위해서는 공을 스윗 스팟에 맞출 수 있어야 합니다. 공의 머리를 치는 탑핑이나 공보다 땅을 먼저 심하게 치는 뒤땅이 나면 보내고자 하는 비거리의 절반도 채 가지 않습니다. 어떻게 해야 이런 미스 샷이 없이 스윗 스팟에 공을 맞출 수 있을까 하는 고민을 많이 하지만 이 역시 구질과 마찬가지로 내가 조절할 수 있는 것이 아닙니다. 공을 치기 전에 이미 셋업, 즉 어드레스에 따라 결정되어 있다는 것입니다.

탑핑이나 뒤땅이 나는 원인은 공을 세게 치려는 생각에 리듬이 빨라지고 스윙 궤도가 틀어지기 때문입니다. 이를 기술적으로 보면 처음 어드레스를 할 때 상체를 숙인 상태에서 스윙을 시작하여 백 스윙을 할 때 상체가 들리는 경우가 많고 공을 맞추기 위해 다시 숙이려고 하니 공을 정확하게 맞추지 못하는 것입니다. 결국 백 스윙에서부터 임팩트 순간까지 처음 숙인 상태를 최대한 유지할 수 있어야 합니다.

CHAP 11 그립

그립이란

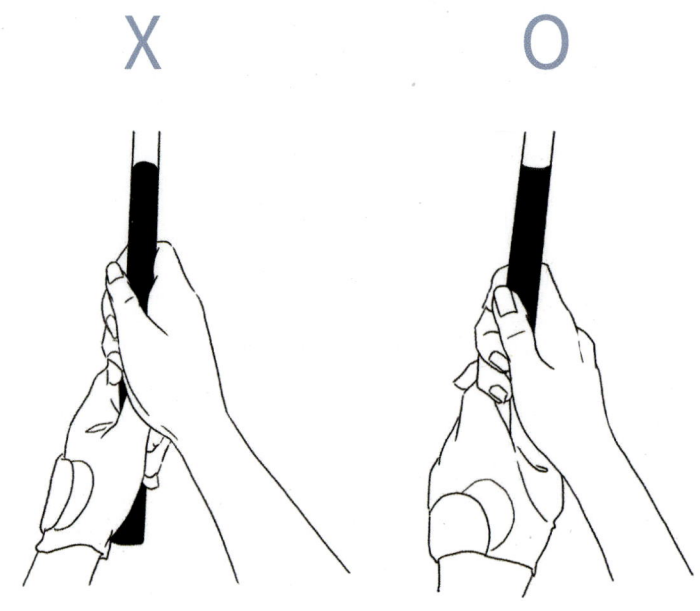

그립을 잡을 때 손목의 힘을 뺀다고 해서 헐렁하게 잡아서는 안된다.

그립은 너무 강하지 않게 또는 약하지 않게 잡을 수 있어야 한다

그립 (Grip)은 내 몸과 클럽을 연결해 주는 유일한 통로입니다. 잡는 힘이나 모양에 따라 매우 민감하게 느껴지다 보니 처음 그립을 잡을 때 생소함이 느껴지면 스윙이 잘 되지 않습니다. 그러나 그립을 어떻게 잡았는가에 따라 공이 날아가는 방향이 결정되고 임팩트에 영향을 준다는 사실을 알게 된다면 다소 어색하더라도 올바른 그립을 잡기 위한 연습을 해야 합니다.

그립을 잡을 때는 어느 정도의 힘으로 잡아야 할까요? 어떤 이는 세게 잡으라고 하고 또 어떤 이는 살살 잡으라고 하는 등 그 기준이 저마다 다르다 보니 혼란스러워하는 골퍼들이 많습니다. 대부분의 초보 골퍼들은 아직 스윙이 익숙하지 않아 그립을 세게 잡는 경향이 있습니다. 이 때 힘을 빼라고 하면 그립을 헐렁하게 풀어서 잡습니다. 그러나 그립을 헐렁하게 잡으면 스피드를 크게 낼 수 없을 뿐만 아니라 공을 칠 때 손에서 클럽이 틀어질 수 있습니다.

그립은 스윙하는 동안 손에서 클럽이 놀지 않을 만큼 힘을 주고 잡아야 하고 실제 공을 칠 때 헤드와 공이 만나는 순간의 충격을 버틸 수 있을 만큼 견고하게 잡아야 합니다. 휘두르는 스피드에 따라 잡는 힘이 다르기 때문에 세게 잡아라 혹은 살살 잡아라 하는 조언은 올바르지 않습니다. 처음부터 충분한 스피드를 낼 수 있을 만큼 단단하게 잡아야 하고 스윙하는 동안 잡고 있는 힘이 바뀌지 않도록 해야 합니다.

그립의 종류

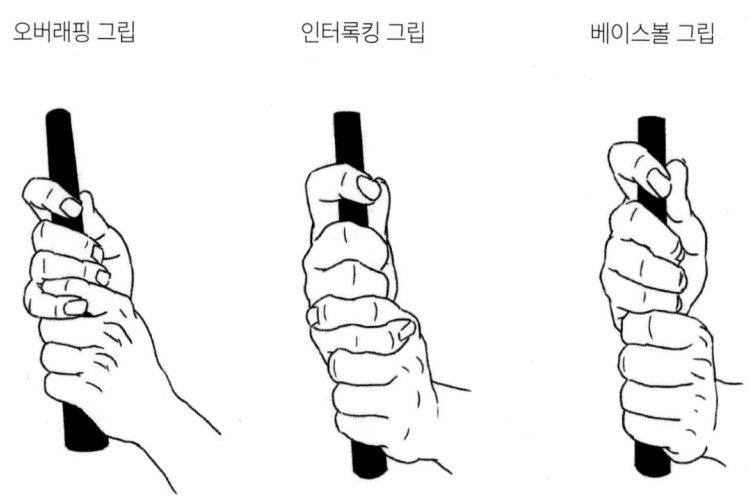

오버래핑 그립　　　　　인터록킹 그립　　　　　베이스볼 그립

그립의 종류는 오른쪽 새끼손가락의 위치에 따라 세 가지 종류로 나눈다.

어떤 그립을 하든 잡고 있는 모양이 바뀌지 않아야 한다

골프 클럽을 잡을 때 가장 먼저 배우는 것이 그립의 종류입니다. 그립의 종류가 좋은 그립을 하기 위한 조건은 아니지만 어떤 종류의 그립이든 자신의 스윙 스타일과 힘에 따라 편하게 느껴지는 그립을 하는 것이 좋습니다. 단 다음에 언급할 기본적인 그립의 원칙을 지켜야 합니다. 각 그립의 특징은 다음과 같습니다.

오버래핑 (Overlapping) 그립은 오른손 새끼 손가락을 왼손 검지와 중지 사이의 골 안에 얹어 놓는 그립입니다. 이 그립은 20세기 유명한 영국 골퍼 해리 바든이 유행시킨 것으로 정상급 프로뿐만 아니라 대부분 골퍼들이 가장 많이 선택하고 있는 그립입니다.

인터록킹 (Interlocking) 그립은 오른손 새끼 손가락을 왼손 검지와 중지 사이에 넣어 깍지를 끼는 그립입니다. 손이 작고 힘이 약한 사람에게 적합하다고 하여 많은 여성 골퍼가 인터록킹 그립을 합니다. 이렇게 그립을 하면 양 손의 결합력이 확실하게 느껴지지만 새끼 손가락이 너무 아프다는 단점이 있습니다.

베이스볼 (Baseball) 그립은 야구 배트를 잡는 것처럼 모든 손가락으로 클럽을 잡는 것인데 프로나 아마추어나 거의 쓰지 않습니다. 이 그립은 편하게 잡는 느낌은 들지만 스윙하는 동안 양 손이 쉽게 분리가 되어 기능을 제대로 발휘하지 못하기 때문입니다.

올바른 왼손 그립

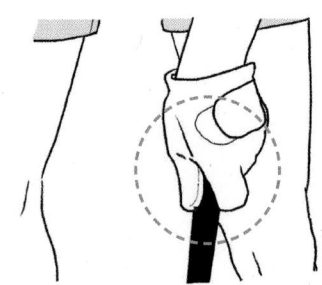

① 왼손 그립은 손바닥이 보이지 않도록 돌려 잡는 것이 중요하다.

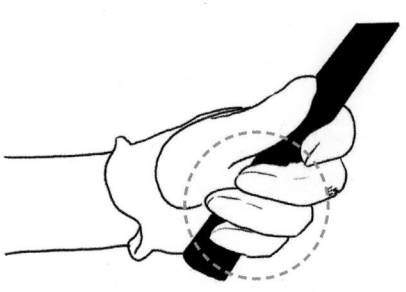

② 중지, 약지, 새끼 손가락으로 잡는다.

왼손 그립은 손바닥이 보이지 않도록 잡는 것이 핵심이다

　상체를 앞으로 숙이고 양 손에 힘을 뺀 상태에서 편안하게 늘어트린 후에 왼 손을 쳐다보면 손등이 정면이나 옆면이 아닌 대각선 방향을 향해 있습니다. 힘을 뺀 상태 그대로 클럽에 얹어 놓고 중지, 약지 그리고 새끼 손가락으로 잡는 것이 왼손 그립의 핵심입니다. 또한 새끼 손가락 끝 뿌리에서부터 집게 손가락 중간 마디까지 대각선으로 잡고 엄지 아래 두툼한 부위로 그립을 눌러 주어 그립과 손바닥 사이에 틈이 생기질 않도록 해야 합니다.

　엄지 손가락은 그립의 중앙이 아닌 살짝 오른쪽 옆에 지문을 찍듯이 갖다 대야 합니다. 처음에는 대부분 엄지 손가락을 그립의 중앙에 대고 힘을 주어 그립을 잡습니다. 이렇게 잡고 스윙하면 엄지 손가락이 많이 아프기도 하고 물집이 생기거나 까지는 경우가 많습니다. 엄지 손가락으로 잡는 힘으로는 헤드 스피드를 감당할 수 없어 손에서 클럽이 틀어지기 때문입니다.

　엄지 손가락을 그립의 위가 아닌 오른쪽 면에 갖다 대고 왼손 그립을 하면 엄지와 검지 사이의 'V'자 모양이 오른쪽 어깨 끝 부분을 가리킵니다. 이를 스트롱 그립이라고 하며 이 모양으로 단단히 잡아야 공을 칠 때 클럽이 틀어지거나 그립의 모양이 바뀌지 않습니다. 또한 백 스윙 탑에서 그립을 잡고 있는 손바닥의 두툼한 부위가 클럽에서 떨어지지 않도록 해야 왼손 그립을 제대로 잡고 있는 것입니다.

올바른 오른손 그립

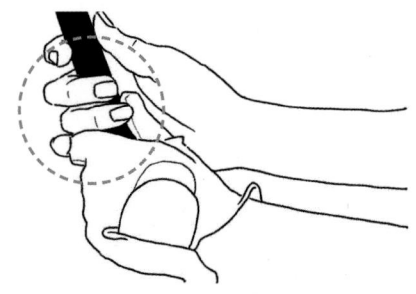

① 중지와 약지는 반드시
그립을 잡고 있어야 한다.

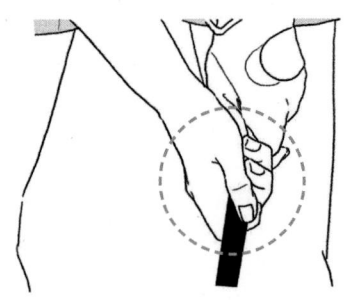

② 오른손 생명선 부위로
왼손 엄지를 눌러준다

오른손 중지와 약지는 스윙하는 내내 절대 놓으면 안된다

　오른손은 먼저 중지와 약지로 그립을 잡습니다. 새끼 손가락은 왼손 검지와 중지 사이의 골에 살짝 올리고 오른손의 약지가 왼손 검지에 붙을 때까지 최대한 밀착시켜 줍니다. 그런 다음 생명선이 있는 손바닥의 두툼한 부위로 왼손 엄지를 감싸듯이 잡아 줍니다. 또한 오른손의 엄지 손가락도 왼손과 마찬가지로 그립의 중앙에 길게 내려 놓은 모양이 아니라 왼쪽 사이드에 살짝 갖다 대고 있어야 엄지와 검지 사이가 벌어지지 않습니다.

　오른손 그립은 스윙하는 동안 손가락을 풀거나 모양이 틀어지면 안됩니다. 그렇다고 오른손을 너무 움켜 잡으면 엄지와 검지 부위와 클럽 사이에 공간이 생겨 스윙을 할 때 클럽이 틀어지면서 까질 수 있으므로 움켜 잡지 말고 손가락 끝으로 그립을 잡을 수 있어야 합니다. 또한 왼손과 마찬가지로 오른손의 엄지와 검지의 'V'자 모양이 오른쪽 어깨 끝을 가리키도록 해야 그립을 제대로 잡고 있는 것입니다.

　이렇게 잡은 양 손 그립의 모양과 힘은 스윙하는 동안 바뀌지 않아야 합니다. 그립이 불안정하면 잡고 있는 모양과 힘이 스윙하는 동안 바뀝니다. 이로 인해 몸통에서 생긴 에너지가 클럽에 전달되지 않을 뿐만 아니라 헤드가 공에 닿는 순간 틀어지게 됩니다. 그러나 그립은 설명을 들었다고 바로 잡을 수 있는 것은 아닙니다. 스윙 연습과 함께 올바른 그립을 잡는 연습도 꾸준히 병행해야 조금씩 좋아집니다.

CHAP 12 셋업

셋업이란

손목을 아래로 살짝 누르는 느낌으로 잡는다.

아이언   드라이버

몸과 그립의 간격은 아이언은 주먹 한 개, 드라이버는 주먹 한 개 반 정도가 적당하다.

셋업은 항상 변하므로 주기적으로 체크해야 한다

셋업 (Setup)이란 몸과 그립의 간격, 공의 위치, 그리고 어드레스를 총칭해서 사용하는 용어로 공을 얼마나 정확하게 치고, 또 얼마나 멀리 보내느냐에 큰 영향을 줍니다. 셋업은 절대적인 공식처럼 정해져 있는 것이 아니라 클럽마다 다르고 개인의 스윙 스타일과 체형에 따라 조금씩 달라집니다. 자연스러운 셋업을 만들기 위해서는 우선 일정한 스윙 궤도를 만드는 것이 전제 조건입니다.

셋업에서 가장 먼저 체크를 하는 것이 몸과 그립의 간격입니다. 몸통 스윙과 레이트 히트를 제대로 하기 위해서는 아이언이나 우드의 경우에는 몸과 그립의 간격이 주먹 한 개 정도 되도록 하는 것이 적당합니다. 드라이버는 가장 길고 티 위의 공을 치기 때문에 주먹 한 개 반 정도 간격을 유지하는 것이 좋습니다. 이 간격이 너무 가깝거나 멀어지면 팔로 공을 치게 되어 몸통 회전을 이용한 샷을 할 수 없습니다.

한편 상체를 지나치게 많이 숙이거나 등이 구부정하면 몸과 공의 간격이 멀어질 수 밖에 없습니다. 이 경우에도 몸통을 효과적으로 쓰지 못하고 팔로만 스윙을 하게 됩니다. 셋업을 할 때마다 등을 편 상태에서 상체를 가볍게 인사하는 느낌으로 숙이고 무릎은 살짝 구부리는 정도가 좋습니다. 셋업은 각자의 몸 상태에 따라 변합니다. 어느 순간 등이 굽어 있거나 공이 몸에서 멀어지기도 하므로 주기적으로 거울을 보며 체크를 해보는 것이 좋습니다.

클럽 별 공의 위치

드라이버 : 왼발 뒤꿈치 안쪽 라인 선에 위치

우드 : 왼발 뒤꿈치 안쪽 라인보다
5cm 정도 오른쪽에 위치

아이언 : 왼발 뒤꿈치 안쪽 라인보다
10cm 정도 오른쪽에 위치

공의 위치가 바뀌면 샷의 일관성이 떨어진다

공의 위치는 클럽의 길이와 용도에 따라 다르지만 클럽 별로는 항상 일정해야 합니다. 매번 클럽을 잡을 때마다 공의 위치가 바뀌거나 달라지면 그만큼 정타 확률이 떨어져 거리의 일관성이 줄어듭니다. 또한 개인의 스윙 스타일에 따라서도 공의 위치는 조금씩 달라질 수 있는데 공을 어디에 위치하고 얼마나 일관되게 두느냐에 따라 스윙 궤도 뿐만 아니라 클럽과 공이 만나는 임팩트에 미치는 영향이 크므로 각자에 맞는 클럽 별 공의 위치를 찾아야 합니다.

샷을 할 때 체중 이동을 정확하게 한다는 가정하에 드라이버는 뒤꿈치 안쪽 라인 선상에, 우드는 오른쪽으로 5cm 정도 이동하고, 아이언은 10cm 정도 이동하여 공을 위치시키는 것이 적당합니다. 스탠스 폭은 아이언과 우드는 겨드랑이 폭 정도 드라이버는 어깨 폭 정도입니다. 클럽이 길다고 너무 넓은 스탠스를 하는 것은 좋지 않습니다. 스탠스가 너무 넓으면 체중 이동이 원활하게 되지 않기 때문입니다.

연습장의 규격화된 타석과는 달리 실제 필드는 허허벌판과 같은 넓은 곳에서 셋업을 해야 하다 보니 샷을 할 때마다 공의 위치가 달라지기 쉬운데 정작 자신은 모를 때가 많이 있습니다. 공의 위치가 달라지면 당연히 스윙 궤도가 바뀌면서 정확한 타격을 하지 못하게 됩니다. 왼발 뒤꿈치를 기준으로 공의 위치를 먼저 정해 놓고 자세를 취하는 것이 일관성 유지에 도움이 됩니다.

올바른 어드레스 측면

좋은 어드레스는 등판을 곧게 펴는 것이 포인트이다

　공의 위치가 정해졌으면 그 다음은 자세, 즉 어드레스(Address)를 잘 잡아야 합니다. 어드레스에서 가장 먼저 체크할 것은 바로 측면에서 봤을 때 등이 얼마나 펴져 있는가 하는 것입니다. 등이 구부정하면 몸통 회전이 원할하게 되지 않고 상체가 들립니다. 또한 어드레스는 어떤 동작도 순발력 있을 만큼 균형이 잘 잡혀 있어야 합니다. 마치 배구 경기에서 리시브할 때의 자세처럼 무릎을 살짝 구부리고 체중을 앞에 실어 준 다음에 클럽 헤드가 바닥에 닿을 때까지 상체를 앞으로 숙입니다.

　그러나 등판을 펴기 위해 허리에 힘을 주는 것은 스윙할 때 허리 부담이 너무 커져서 좋지 않습니다. 등판을 펴는 가장 좋은 요령은 숙인 상태에서 허리에 힘을 주는 것이 아니라 가슴을 살짝 펴는 것입니다. 등판이 곧게 펴져 있어야 몸통 회전이 원활하게 이루어지고 백 스윙을 할 때도 상체가 들리지 않습니다.

　이렇게 어드레스를 하면 지면에 대해 상체를 기울인 각도가 나오며 이를 척추각(Spine angle)이라고 합니다. 이 각은 스윙하는 동안 바뀌지 않아야 합니다. 즉 어드레스를 할 때 숙인 상태를 백 스윙 탑까지 그대로 유지해야 임팩트 순간 정확한 타격을 할 수 있습니다. 백 스윙을 할 때 상체를 들면 척추각이 달라지고 다운 스윙을 하면서 원래 상태로 되돌아오기 위한 보상 동작을 하게 됩니다. 이는 곧 탑핑이나 뒤땅의 원인이기도 합니다.

올바른 어드레스 정면

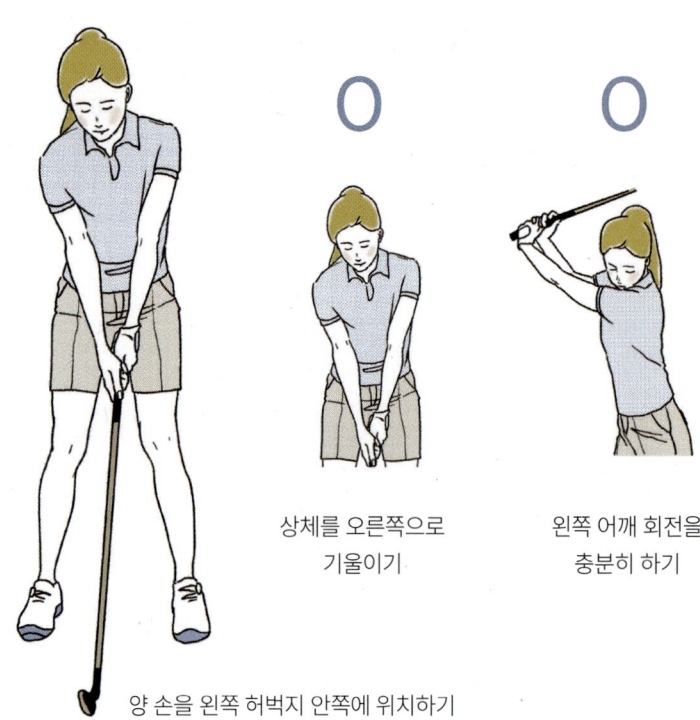

상체를 오른쪽으로 기울이기

왼쪽 어깨 회전을 충분히 하기

양 손을 왼쪽 허벅지 안쪽에 위치하기

상체를 오른쪽으로 기울이는 것은 그립 때문이다

　가슴을 펴서 등판을 곧게 편 자세를 정면에서 보면 자세가 얼마나 안정되어 있는지 알 수 있습니다. 양 발은 견고하게 바닥에 붙어 있고 양손은 편하게 어깨 아래 늘어뜨린 상태에서 척추가 오른쪽으로 살짝 기울여져 왼쪽 어깨보다 오른쪽 어깨가 아래로 내려가 있어야 좋은 자세가 됩니다. 머리와 함께 척추를 기울여주는 것인데 그 이유는 그립 때문입니다. 그립을 잡으면 오른손이 왼손보다 아래에 위치합니다. 그만큼 상체도 같이 기울여져야 올바른 셋업이 되는 것입니다.

　척추를 오른쪽으로 기울이는 또 하나의 이유는 원활한 체중 이동을 위해서입니다. 이렇게 척추를 기울이면 상체는 기울어진 기둥을 따라 몸통 회전이 이루어지며 정확한 체중 이동이 가능해집니다. 스윙을 하는 동안 상체는 계속 숙인 상태를 유지하고 있어야 하며 백 스윙 탑에서의 왼쪽 어깨가 오른쪽 어깨보다 낮은 위치에 있으면 제대로 하고 있는 것입니다.

　이렇게 오른쪽으로 살짝 기울인 상태를 임팩트 순간까지 유지하는 것도 중요한 포인트입니다. 다운 스윙을 할 때 왼발로 체중 이동은 되었으나 상체의 움직임은 최대한 억제된 상태에서 스윙의 중심인 머리가 원래 자리에 그대로 남아 있어야 최대의 헤드 스피드를 낼 수 있습니다. 아마추어 골퍼의 경우 공을 치기도 전에 과도한 상체의 움직임으로 머리가 왼쪽으로 먼저 이동하여 샷이 흐트러지는 경우가 많습니다.

4주차

숏게임
스윙

> ❝
> 숏 게임 스윙의 핵심은
> 컨트롤입니다
> ❞

숏 게임 스윙은 풀 스윙과 함께 반드시 같이 익혀야 할 스윙 과목 중의 하나입니다. 언뜻 보기에는 풀 스윙과 비슷해 보여도 기본 동작의 원리와 메커니즘은 전혀 다릅니다.

CHAP 13 숏 게임 스윙의 중요성

숏 게임 스윙이란

숏 게임 스윙이 골프에서 차지하는 비중은 크지 않지만 퍼팅에 미치는 영향이 크기 때문에 실수 없이 잘 해야 한다.

숏 게임 스윙은 골프에 꼭 필요한 전략적인 무기이다

숏 게임 스윙은 풀 스윙으로는 더 이상 보낼 수 없는 짧은 거리, 즉 그린에서부터 대략 60m 이내의 거리가 남았을 때 정확하게 거리를 조절하여 그린에 공을 올리는 기술입니다. 또 다른 용어로 웨지 컨트롤 샷 또는 어프로치 샷이라고도 합니다. 대부분의 초보 골퍼들은 풀 스윙 연습만 주로 하다 보니 숏 게임 스윙을 제대로 하지 못해 좋은 스코어를 기록할 수 없을 때가 많습니다.

아이언 세트에는 영문으로 표기한 클럽이 있습니다. 'P'는 피칭 웨지, 'A'는 어프로치 웨지, 'S'는 샌드 웨지이며 주로 숏 게임 스윙을 할 때 사용합니다. 피칭 웨지가 웨지 중에서 가장 길고 로프트는 46~48도 정도입니다. 어프로치 웨지는 피칭 웨지보다 조금 더 짧고 로프트는 52도 전후로 더 기울어져 있습니다. 샌드 웨지는 어프로치 웨지와 길이는 같지만 로프트는 56도 전후로 많이 기울어져 있어 공이 가장 높이 뜨면서 거리는 짧게 날아갑니다.

초보 골퍼는 샌드 웨지를 사용하지 않는 것이 좋습니다. 샌드 웨지의 경우 공을 높이 띄울 수 있고 또 공을 높이 띄워야 그린 위에 떨어진 공이 덜 굴러서 거리 조절이 잘 될 것이라고 생각하지만 실제로는 높이 띄울수록 실수할 확률이 매우 큽니다. 로프트가 커서 헤드가 많이 누워 있다 보니 공을 정확하게 맞추는 것도 쉽지 않고 특히 바운스 각(벙커 샷을 할 때 클럽이 모래에 박히지 않도록 하는 기능)이 크기 때문에 잔디에 있는 공을 정확하게 치는 것이 더 어렵습니다.

숏 게임 스윙과 풀 스윙의 차이

풀 스윙

파워-스피드-휘두르기

숏 게임 스윙

간결함-부드러움-던지기

숏 게임 스윙은 풀 스윙의 축소판이 아니다

 많은 골퍼들이 숏 게임 스윙은 풀 스윙 동작을 줄여서 하면 될 수 있을 것이라고 생각합니다. 그러나 분명한 사실은 풀 스윙과 숏 게임 스윙은 목적이 다른 동작이므로 풀 스윙을 작게 한다고 숏 게임 스윙이 되는 것은 아닙니다. 또한 풀 스윙을 잘한다고 숏 게임 스윙이 잘 되는 것도 아닙니다. 그 이유는 풀 스윙은 공을 최대한 멀리 보내야 하므로 휘두르는 것이 주된 동작인 반면 숏 게임 스윙은 짧은 거리를 정확하게 보내야 하므로 던지는 것이 주된 동작이기 때문입니다.

 숏 게임 스윙의 비중은 20% 정도로 작은 편이지만 스코어와 퍼팅에 미치는 영향이 크기 때문에 무시할 수 없습니다. 실제 프로들을 대상으로 한 연구 결과에 따르면 드라이버 샷 한 번의 실수가 전체 스코어에 미치는 영향은 0.4타에 불과하고 아이언 샷 한 번의 실수도 0.6타의 영향밖에 되지 않지만 숏 게임 샷 한 번의 실수는 바로 한 타의 손해로 이어진다고 합니다. 그만큼 숏 게임 스윙이 중요하다는 의미입니다.

 PGA나 LPGA 사이트에는 세계 랭킹이 1위부터 100위인 프로들의 다양한 통계가 나와 있습니다. 드라이버 평균 비거리와 페어웨이 적중률, 아이언 샷의 그린 적중률, 게임 당 평균 퍼팅 수 등 분야별 순위가 있고 상금 순위도 나와 있습니다. 이 상금 순위와 가장 유사한 통계가 바로 숏 게임 능력(100m 이내의 거리에서 핀 3m 내에 붙이는 능력)이라고 합니다. 이로 인해 나온 말이 '숏 게임을 지배하는 자가 돈을 벌어들인다'라는 황금률입니다.

실전에서 잘 안되는 이유

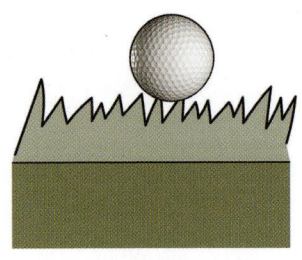

인조 매트

천연 잔디

실전에서 숏 게임 스윙을 할 때 자주 실수하게 되는 것은 매트에서 샷을 하는 것과 잔디에서 샷을 할 때의 차이에서 비롯되는 경우가 많다.

매트에서 치는 것과 잔디에서 치는 것이 전혀 다르다

숏 게임 스윙은 짧은 거리를 보내는 것이므로 풀 스윙에 비해 운동적으로는 더 쉽습니다. 그런데 필드 경험이 많지 않은 초보 골퍼의 경우 필드에서 숏 게임 스윙을 할 때 어이없이 거리를 짧게 치거나 잘못 치는 경우가 많습니다. 연습장에서는 큰 문제없이 잘 되는 것 같은데 필드에서는 숏 게임 스윙 동작이 잘 안되는 이유는 무엇일까요? 이는 스윙 동작이나 기술의 문제이기 전에 연습장의 매트와 실제 잔디의 차이에서 비롯된 영향이 훨씬 더 큽니다.

연습장의 매트는 고무 재질이어서 뒤땅이 나거나 스피드가 빠르지 않아도 클럽 헤드가 공 아래로 미끄러지듯이 빠져나가기 때문에 대부분 샷이 잘 맞는다고 느낍니다. 그러나 실제 필드에 가면 잔디에 공이 있고 그 아래는 흙이기 때문에 뒤땅을 칠 경우 클럽이 흙에 박히거나 잘 빠져나오지 않게 되어 보내고자 하는 거리의 절반 밖에 가지 않기도 하고 공의 옆구리를 쳐서 탑핑이 되어 그린 반대 방향으로 멀리 날아가기도 합니다. 이런 실수를 몇 번 하다 보면 그 다음부터는 위축이 되어 숏 게임 스윙을 제대로 못하게 됩니다.

이처럼 매트에서 치는 것과 잔디에서 치는 것의 결과 차이를 줄이기 위해서는 숏 게임 스윙을 연습할 때 일정한 양의 잔디를 집중적으로 치는 경험이 필요합니다. 시간이 될 때마다 파3홀 연습장이나 천연 잔디에서 연습할 수 있는 곳을 찾아 꾸준히 연습하면 실제 필드에 나가서 어이없이 짧게 치는 실수를 많이 줄일 수 있습니다.

연습을 쉽게 하는 요령

농구공으로 슛하는 동작은 60m 전후의 거리를 보내는 숏 게임 스윙과 같다

농구공으로 패스하는 동작은 40m 전후의 거리를 보내는 숏 게임 스윙과 같다

숏 게임 스윙 동작은 농구공 던지기로 쉽게 익힐 수 있다

　숏 게임 스윙 동작은 농구공으로 슛을 하거나 패스를 하는 동작과 유사합니다. 농구공으로 자신의 키보다 높은 곳에 위치한 골대에 넣는 슛 동작은 실제 골프에서 60m 전후의 거리를 보내는 숏 게임 스윙과 유사하고 농구공을 가까이 있는 동료에게 패스하는 동작은 40m 전후의 거리를 보내는 숏 게임 스윙과 유사합니다. 골프 클럽으로 연습하기 전에 실제로 농구 골대가 있는 곳에 가서 농구공으로 슛하는 동작과 앞사람에게 가볍게 패스하는 동작을 해보면 어떤 동작을 하는지 그 느낌을 쉽게 알 수 있습니다.

　60m 보내는 샷은 좀 더 쉬운 말로 '높이 던지기' 또는 '슛'이라고 합니다. 공을 높이 던지는 것이므로 꽤 스피드를 낼 수 있어야 하고 골대를 맞추는 정도의 정확도가 필요합니다. 동작으로 보면 오른쪽으로는 양 팔이 어깨 높이 정도 올라가도록 하고 왼쪽으로 높이 던질 때는 양 팔을 만세하듯이 높이 들어 골대를 향하도록 해야 합니다. 이 때 시선도 골대를 보고 있어야 합니다.

　40m 보내는 샷은 '던지기' 또는 '패스'라고 합니다. 가까이 있는 동료에게 가볍게 공을 던져 주는 동작과 유사하여 붙여진 명칭입니다. 실제로 이 샷을 할 때는 정말 부드러운 느낌으로 해야 합니다. 이 정도 거리에서 세게 쳐서 그린을 훌쩍 넘기는 경우가 많기 때문입니다. 오른쪽으로는 양 팔을 옆구리 높이 정도 올리면 충분하고 가볍게 던지고 난 후 내 팔이 상대방의 가슴 높이에 있으면 제대로 던진 것입니다.

CHAP 14 숏 게임 스윙의 종류

60m 전후의 거리 보내기

9시 백 스윙 – 1시 피니시

60m 거리를 확실하게 보낼 수 있어야 스코어가 줄어든다

숏 게임 스윙을 쉽게 할 수 있는 요령은 백 스윙의 크기를 시계 시침으로 정하는 것입니다. 왼쪽 어깨가 시계의 중앙이고 왼팔은 시침입니다. 백 스윙을 할 때 왼팔을 어깨 높이까지 올려 지면과 수평이 되도록 하면 시계의 9시 방향을 가리키는 것입니다. 이를 9시 스윙이라고 하며 대략 60m 전후의 거리를 보낼 수 있습니다. 실제 골프 선수들의 통계를 보면 이 9시 방향의 숏 게임 스윙이 가장 믿을 만하고 일관된 거리를 보낼 수 있는 스윙이라고 합니다.

백 스윙 크기에 따라서 팔로우 스루 크기도 정할 수 있습니다. 어느 정도 스피드를 내면서 안정적인 숏 게임 스윙을 하기 위해서는 백 스윙보다 팔로우 스루 크기를 더 크게 할 수 있어야 합니다. 시계 시침으로 백 스윙은 9시 방향까지 팔로우 스루는 1시 방향까지 하는 것입니다. 팔로우 스루가 작아지면 클럽의 속도가 현저히 줄어들어 임팩트가 부정확해지고 거리 조절이 어려워집니다.

숏 게임 스윙은 풀 스윙처럼 과도한 몸통 회전은 하지 않더라도 반드시 몸통 스윙을 해야 하며 몸과 팔이 동시에 회전하는 움직임이 필요합니다. 거의 제자리에서 회전하는 동작이므로 공의 위치는 내 몸의 정가운데 혹은 가운데보다 약간 오른쪽에 두도록 합니다. 피칭 웨지나 어프로치 웨지로 9시 스윙을 했을 때 날아가는 평균 거리를 측정합니다. 골퍼에 따라서 보낼 수 있는 거리가 70m일 수도 있고 50m일 수도 있으니 각자 자신의 기준을 정하면 됩니다.

40m 전후의 거리 보내기

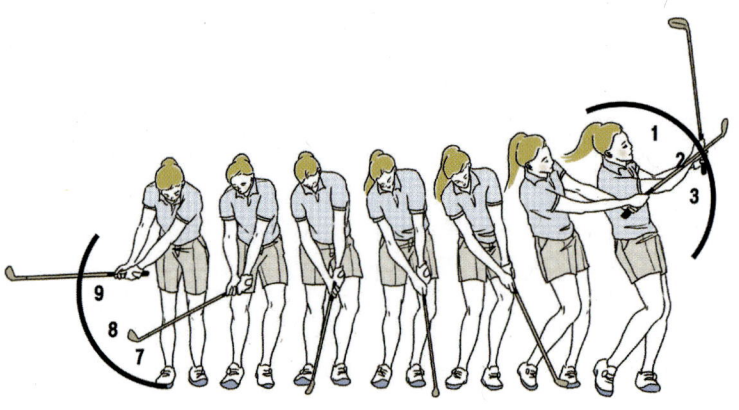

7시 반 백 스윙 – 3시 피니시

7시 반 크기의 숏 게임 스윙은 가볍게 공을 던지는 느낌이다

　40m 전후 거리를 보내는 숏 게임 스윙은 왼쪽 팔이 7시 반을 가리키도록 백 스윙을 하는 것입니다. 9시 방향을 가리키는 백 스윙을 할 때는 클럽이 지면에 대해 수직으로 세워지는 반면, 7시 반 방향일 때는 클럽이 지면에 대해 수평이 되는 크기입니다. 그린까지 그리 멀지 않아 백 스윙도 크게 할 필요가 없는 짧은 거리를 보내는 동작인데 막상 샷을 할 때는 공을 충분히 보내지 못할 것 같은 생각에 세게 치는 경향이 있습니다. 짧은 거리일지라도 정확한 스윙의 크기와 몸통을 사용하는 부드러운 리듬으로 할 줄 알아야 합니다.

　동작을 할 때는 농구공을 앞에 있는 사람에게 가볍게 패스하듯이 하면 되며 9시 스윙에 비해 백 스윙 크기가 작아졌으므로 팔로우 스루 크기 역시 1시 방향 크기보다는 조금 더 작게 하여 시계 시침으로 3시 방향을 가리키는 크기로 하면 됩니다. 9시 스윙과 마찬가지로 피칭 웨지나 어프로치 웨지로 7시 반 스윙을 했을 때 날아가는 거리를 측정하고 평균을 구합니다.

　숏 게임 스윙 연습을 할 때 주의할 것은 생각 없이 공을 연속해서 치지 않도록 하는 것입니다. 그 보다는 하나씩 샷을 하면서 공이 날아가는 각도와 떨어진 후 구르는 정도를 눈여겨본 다음 매번 다시 공을 치는 방식으로 셋업을 해야 합니다. 또한 거리가 들쭉날쭉할 때는 우선 백 스윙 크기를 살펴보아야 하고 공이 스윗스팟에 맞는지도 관찰해보는 것이 필요합니다.

나만의 숏 게임 거리표 만들기

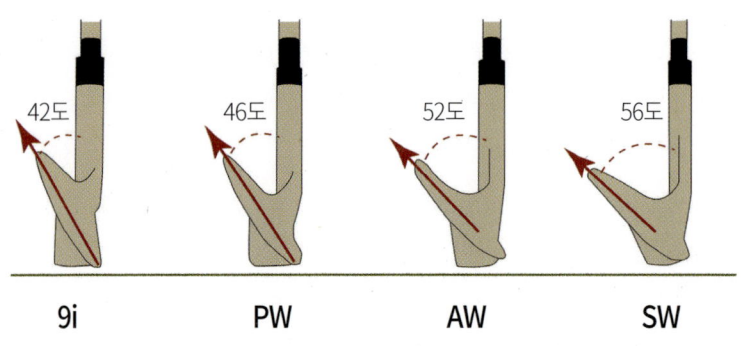

(단위 : m)

	9i	PW	AW	SW
9시 스윙	70	60	50	40
7시 반 스윙	45	40	35	30

나만의 숏 게임 거리표(예시)

평생 사용할 수 있는 나만의 숏 게임 거리표를 만든다

처음에는 클럽 하나로 정확한 백 스윙의 크기, 스피드, 그리고 몸통 회전 동작을 익히는 것이 좋습니다. 우선 피칭 웨지로 9시 방향의 숏 게임 스윙을 10~20회 정도 해서 각각의 샷에 대한 거리를 기록하고 평균을 구합니다. 탑핑이 나서 멀리 가는 것은 제외합니다. 일정한 평균 거리를 찾아낼 때까지 꾸준히 반복해야 합니다.

피칭 웨지로 60m 전후의 거리를 일정하게 보낼 수 있는 수준이 되면 다른 클럽을 사용하여 거리를 측정할 수 있습니다. 동일한 스윙으로 9번 아이언은 70m, 어프로치 웨지는 50m, 샌드 웨지는 40m의 거리를 보낼 수 있도록 클럽이 디자인되어 있습니다. 이는 그림에서 볼 수 있듯이 클럽 별로 로프트가 다르게 만들어져 있고 길이도 다르기 때문에 거리의 차이가 나는 것입니다.

7시 반 스윙도 같은 방법으로 거리를 측정합니다. 9시 스윙은 클럽마다 대략 10m 정도 거리 차이가 나고 7시 반 스윙은 대략 5m 전후의 거리 차이가 납니다. 그러나 아마추어 골퍼의 연습량으로는 5m 단위의 거리를 정확하게 보낼 수 있는 것은 아닙니다. 대략 ±10m의 오차 범위 내로 보낼 수 있으면 숏 게임 스윙을 잘한 것입니다.

이렇게 해서 4개의 골프 클럽으로 9시 스윙과 7시 반 스윙을 통해 얻을 수 있는 숏 게임 거리는 총 8가지가 됩니다. 이것이 바로 나만의 숏 게임 거리표입니다.

CHAP 15 실전에서의 숏 게임

띄울까 아니면 굴릴까

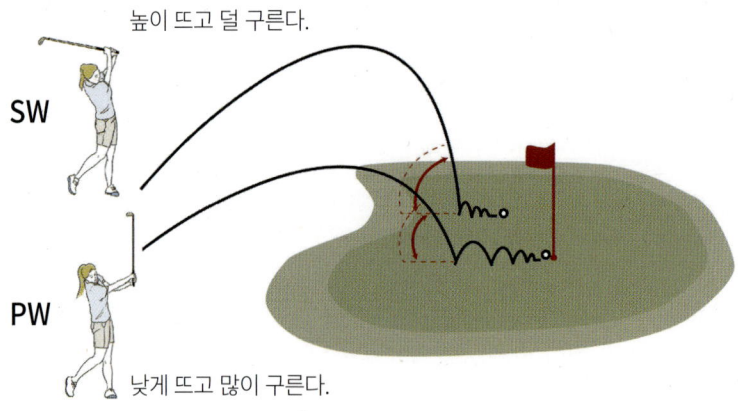

높이 뜨면 뜰수록 실수의 아픔이 커진다

숏 게임 스윙을 하다 보면 공을 높이 띄워야 덜 굴러서 거리 조절이 잘 될 것이라고 생각하고 샌드 웨지로 높게 띄우는 샷을 시도하는 경우가 많습니다. 하지만 아마추어는 프로만큼 클럽을 잘 다루지 못하는 상태에서 연습량도 충분하지 않아 공을 띄우려는 시도로 좋은 결과를 얻기는 어렵습니다. 그 이유는 클럽이 짧아질수록 로프트 각도가 커져 정확하게 공을 맞추는 것이 쉽지 않기 때문입니다. 마치 탁구 채를 세우는 것이 아니라 눕혀 놓고 커트하듯이 쳐야 하니 그만큼 난이도가 높아지는 것입니다.

결국 낮게 띄우는 샷과 높게 띄우는 샷에는 에너지의 차이가 생기며 이 에너지의 차이로 인해 높게 띄우는 샷을 할 경우 실수할 확률이 매우 큽니다. 이렇게 골프 게임에서는 그린에 가까이 접근할 수록 낮게 띄우는 샷이 훨씬 더 실수를 줄일 수 있지만 상황에 따라 어쩔 수 없는 경우, 즉 그린 바로 앞에 벙커가 놓여 있을 때 혹은 그린의 시작 지점과 깃대 사이의 거리가 좁을 때는 띄우는 샷을 해야 합니다.

숏 게임 실력이 좋아지면 자신있게 쓸 수 있는 웨지를 하나 정해 놓고 백 스윙 크기를 좀 더 세밀하게 바꾸면서 거리를 조절하는 방법을 사용할 수 있습니다. 스윙을 고정하고 클럽을 바꾸면서 거리를 맞출 수도 있지만 클럽을 고정하고 백 스윙 크기를 바꾸면서 거리를 맞추는 것도 또 하나의 방법입니다. 예를 들어 60m 이내의 숏 게임 거리는 어프로치 웨지 하나로 조절하는 식으로 각자에 맞게 정하는 것입니다.

숏 게임 스윙 시 뒤땅 조심

공보다 오른쪽 5-10cm 뒤에 약간 두꺼운 종이를 놓고 공을 치는 연습을 한다.

연습장 매트에서 깨끗하게 공을 치는 감각을 익힌다

연습장에서는 꽤 잘 맞는데 막상 코스에 나가면 숏 게임 스윙이 들쑥날쑥할 때가 많습니다. 이는 기술적인 문제에 앞서 연습장에서의 매트 때문에 자신이 뒤땅을 치고 있다는 것을 알아차리지 못하고 있을 가능성이 매우 큽니다. 앞에서도 언급했듯이 연습장 타석의 매트 재질은 고무여서 어느 정도 뒤땅을 쳐도 클럽의 솔이 매트 위로 미끄러져서 잘 친 것 같은 느낌이 들지만 필드에서는 바닥이 흙이므로 뒤땅을 칠 경우 어이없이 거리가 짧아지는 실수를 하게 됩니다.

우선 연습장에서 연습할 때부터 정확하게 친 것과 뒤땅을 친 것을 구분할 줄 알아야 합니다. 공을 칠 때 나는 소리를 들어 보면 공이 정확하게 맞을 때는 '착'하는 경쾌한 소리가 나고 뒤땅이 날 때는 둔탁한 소리와 함께 거리가 짧아지고 손에 전달되는 느낌이 별로 좋지 않습니다. 셋업할 때의 자세보다 다운 스윙할 때의 자세가 낮아졌거나 백 스윙을 할 때 상체를 오른쪽으로 많이 움직이는 경우 뒤땅이 나기 쉽습니다.

숏 게임 스윙 연습을 할 때 뒤땅을 치는지의 여부를 확실하게 알 수 있는 방법은 공의 뒤쪽 5~10cm 정도 부근에 명함 두께의 종이를 놓고 그 상태에서 공을 치는 것입니다. 스윙 후에도 종이가 그대로 남아 있으면 정확하게 공을 치는 데 성공한 것입니다. 처음에는 종이가 신경 쓰여 탑핑을 내는 경우도 종종 있지만 '착'하는 소리가 날 때까지 인내심을 가지고 연습하다 보면 어느 순간 종이는 그대로 있고 깨끗하게 공이 맞는 소리가 들릴 것입니다.

초보자에게 더 필요한 기술

거울을 보면서 숏 게임 스윙 동작을 체크한다.

숏 게임 스윙 중심의 골프를 처음부터 해야 한다

이제 막 필드를 나가기 시작한 초보 골퍼는 자신 때문에 게임의 진행이 지연되지 않기를 원하고 100타를 깨는 것이 목표인 골퍼는 빨리 스코어를 줄이고 싶어합니다. 상급 골퍼의 경우도 일정하게 자신의 스코어를 유지하는 것을 원합니다. 각자의 목표가 다르지만 이 목표를 달성하게 해주는 가장 확실한 열쇠가 바로 숏 게임 스윙입니다. 따라서 처음 시작할 때부터 숏 게임 중심의 골프를 해야 하고 그에 맞는 골프 연습을 하는 것이 필요합니다.

통계에 의하면 18홀 기준으로 프로는 7~10회 정도의 숏 게임 스윙을 하고 상급 골퍼의 경우 10~14회, 100타 이상을 치는 초보 골퍼는 15~20회 정도의 숏 게임 스윙을 하게 됩니다. 초보 골퍼일수록 풀 스윙으로 공을 그린 위에 정확히 올리지 못하므로 얼마의 거리가 남아 있든 숏 게임이 가지는 중요성이 더욱 커집니다. 또한 짧은 거리를 보내는 샷도 소요되는 시간은 같기 때문에 진행에 방해가 되지 않으려면 실수를 최대한 줄이는 것이 좋습니다.

숏 게임 스윙 동작은 자주 거울을 보면서 스윙의 크기를 체크하는 것이 필요합니다. 계속 공만 치는 연습을 하면 자신도 모르게 동작이 커지거나 과도하게 힘을 줄 때가 많아 거리가 둘쭉날쭉해지기 때문입니다. 백 스윙 크기를 정해진 시계 시침만큼 정확하게 하는지, 몸통은 제대로 회전을 하고 있는지, 팔이 구부러져 스윙 궤도가 틀어지지는 않는지 등을 확인하는 것입니다.

5주차

칩앤펏 게임

> "
> 칩앤펏 게임을
> 스코어링 영역이라고 합니다
> "

그린 주변 30m 이내에서 플레이하는 칩앤펏 게임을 스코어링 영역이라고 하는 것은 전체 스코어의 절반에 가까운 비중을 차지하고 이 때의 한타는 스코어와 바로 직결되기 때문입니다.

CHAP 16 그린 주변에서의 플레이

칩앤펏 게임이란

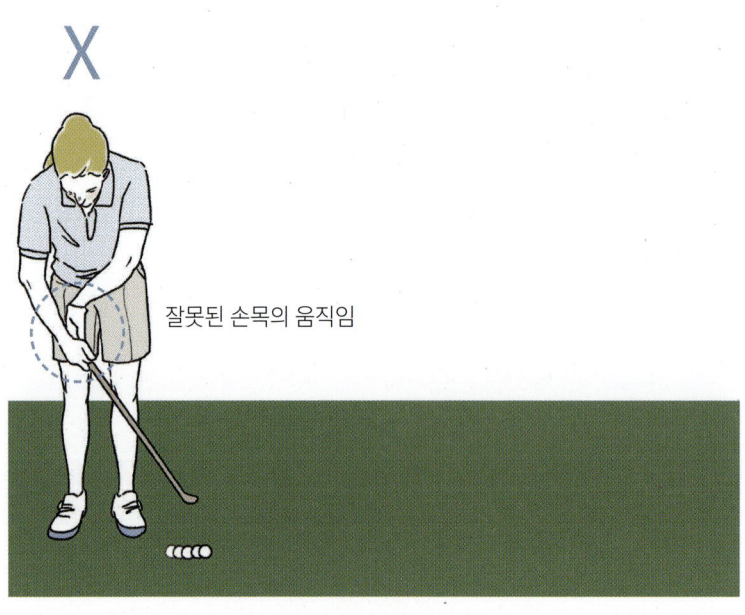

잘못된 손목의 움직임

칩 샷이나 퍼팅을 할 때 손목을 써서 동작을 할 경우 정확한 터치가 되지 않아 거리와 방향을 맞추기 어려워진다.

그린 주변 30m 이내에서의 플레이가 전체 스코어의 절반이다

　칩앤펏 (Chip and putt)은 칩 샷 (Chip shot)과 퍼팅 (Putting)의 줄임말입니다. 공이 그린 주변에 가까이 왔을 때 하는 플레이입니다. 공이 그린 밖에 있으면 칩 샷으로 홀컵에 가까이 보내는 것이고 그린 위에 있으면 퍼팅으로 홀컵에 넣는 것입니다. 운동으로 보면 칩 샷은 '낮게 던져 굴리기', 퍼팅은 '굴리기'라고 할 수 있습니다. 이런 운동들은 굳이 동작에 대한 설명을 자세하게 듣거나 배우지 않아도 쉽게 할 수 있고 조금만 익히면 어렵지 않게 거리를 맞출 수 있습니다.

　그러나 그린 주변에서의 칩 샷과 퍼팅은 보기에는 쉬워 보여도 실제로 해보면 생각만큼 잘 되지 않고 실수를 많이 합니다. 이렇게 실수를 하는 이유는 짧은 거리일수록 더 잘 해야 한다는 중압감으로 자신도 모르게 긴장해서 손목과 같은 작은 근육을 쓰기 때문입니다. 비록 짧은 거리를 보내는 스윙이라 할지라도 큰 근육인 몸통을 써서 동작을 할 수 있어야 합니다.

　골프에서 칩 샷과 퍼팅의 비중은 전체 스코어의 절반을 차지합니다. 또한 이 때의 한 타는 스코어와 바로 직결되어 '스코어링 영역'이라고도 합니다. 아무리 풀 스윙을 잘해서 공을 멀리 보내도 그린 주변에서의 플레이를 제대로 하지 못하면 스코어는 엉망이 되고 동반자에게도 민폐가 되기 쉽상입니다. 골프를 처음 배우는 시기부터 그린 주변 플레이의 중요성을 알고 그에 맞는 연습을 한다면 훨씬 빨리 골프 실력이 향상될 가능성이 큽니다.

그린 주변 플레이 요령

칩 샷은 동전 던지기와 비슷한 동작으로 이런 몸의 감각을 잘 살려야 한다.

그린 주변으로 갈수록 고도의 집중력이 필요하다

골프에서 운동으로는 가장 쉬운 동작이 퍼팅이고 그 다음으로 쉬운 동작이 칩 샷입니다. 주변에서 흔히 하는 놀이 중에 퍼팅은 게이트 볼과 비슷하고 칩 샷은 동전 던지기와 비슷합니다. 이와 같은 운동들은 동작에 신경 쓰는 것보다는 목표에 시선을 두고 집중하면서 몇 번 거리를 가늠해보면 거리를 맞추는 감각이 금방 생깁니다. 동작의 모양이나 형식에 너무 얽매이지 않아야 이런 감각을 잘 살릴 수 있습니다.

코스 디자인 측면에서 보면 그린 주변에서의 샷이 티 샷을 하는 티잉 그라운드나 잔디를 잘 다듬어 놓은 페어웨이보다 훨씬 더 어렵게 만들어져 있습니다. 환경적인 요인으로도 평지보다는 경사가 더 많고 공을 치기 더 어려운 깊은 러프와 벙커, 매 홀마다 다른 핀 위치 등으로 인해 정확하게 동작을 하지 않으면 원하는 거리를 조절하는 것이 어렵습니다. 가까운 거리일수록 더욱 신중하게 해야 하고 고도의 집중력을 발휘해야 좋은 결과를 얻게 됩니다.

그린 근처에서는 공과 홀 컵 사이의 거리가 가장 먼 순서대로 플레이를 하도록 되어 있습니다. 또한 한 사람이 플레이를 할 때는 다른 사람들은 방해가 되지 않도록 움직이지 말고 기다리고 있어야 합니다. 자신보다 핀에서 멀리 떨어져 있는 동반자가 플레이를 하려고 하는데 순서를 무시하고 먼저 플레이를 하는 것은 매너에 어긋나므로 순서가 맞는지 잘 살펴보아야 합니다. 또한 순서가 아닌데도 연습 동작을 과도하게 하거나 부산하게 움직이는 행위를 하지 않도록 주의해야 합니다.

CHAP 17 칩 샷은 낮게 던져 굴리기

올바른 칩 샷 자세

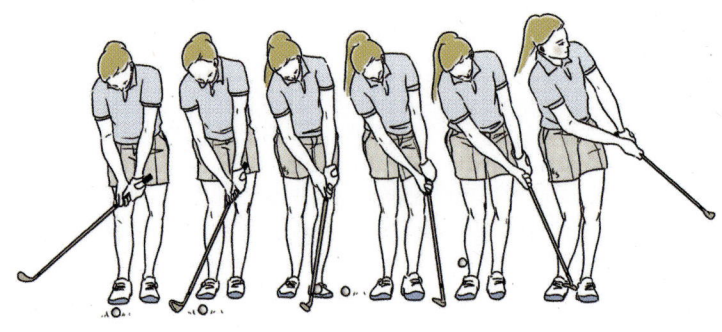

칩 샷의 기본 자세는 스탠스 폭을 좁히고 공의 위치가 오른발 앞에 오도록 하며 왼발에 체중을 실어 주는 것이다.

어깨와 양 팔이 이루는 삼각형 모양을 유지해야 한다

　칩 샷은 그린 주변 30m 이내에서 그린 밖에 공이 있을 때 낮게 던져 그린 위에 올려 굴러가도록 하여 홀 컵에 가까이 붙이는 기술입니다. 짧은 거리를 보내는 것이므로 하체의 움직임을 최대한 줄이고 양 팔과 어깨로 동작을 해야 합니다. 이를 위해 자세는 양 발의 보폭을 좁혀 공을 오른쪽 엄지 발가락 앞에 두고 왼발에 90% 이상의 체중을 실어줍니다. 헤드를 공 오른쪽 뒤에 대고 그립을 잡은 양 손은 왼쪽 허벅지 앞에 오도록 한 상태에서 어깨와 양 팔이 하나의 삼각형 모양이 되도록 하는 것이 기본적인 칩 샷 자세입니다.

　칩 샷을 할 때 손목을 쓰지 않는 것이 매우 중요합니다. 손목을 쓰면 공을 정확하게 맞추기 어렵고 거리 조절도 들쑥날쑥해집니다. 손목 코킹이 없는 동작이므로 동작을 하는 동안 클럽 헤드가 무릎 높이 이상 올라가지 않도록 하고 공을 치고 난 이후에도 어깨와 양 팔이 만드는 삼각형 모양을 그대로 유지해야 합니다. 또한 피니시에서 클럽 헤드면이 하늘을 가리키고 있으면 됩니다.

　초보자가 칩 샷을 하면서 자주 하는 실수 중의 하나가 백 스윙을 크게 하고 팔로우 스루를 짧게 가져가는 것입니다. 이 경우 매번 공을 칠 때마다 가하는 힘이 달라지면서 거리 조절이 잘 되지 않고 그렇다고 스피드를 줄이면 클럽 헤드가 잔디에 걸리면서 공을 정확하게 맞추지 못하기도 합니다. 안정적인 칩 샷을 하기 위해서는 항상 백 스윙 크기보다 팔로우 스루를 약간 더 크게 가져갈 수 있어야 합니다.

칩 샷 방향 맞추기

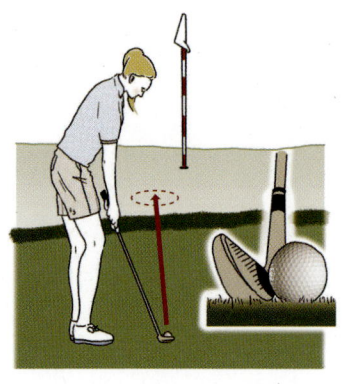

① 그린에 경사가 있는 경우 방향은 홀컵이 아니라 경사의 높은 지점을 향해야 한다.

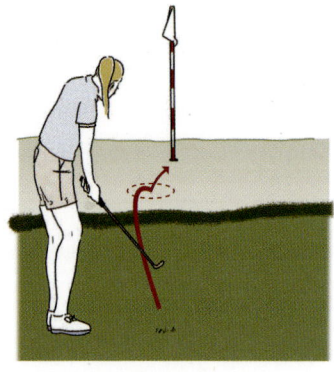

② 공이 처음 떨어진 캐리 지점부터 어떻게 굴러가는지 관찰한다.

칩 샷을 잘하려면 캐리와 런의 개념을 알고 있어야 한다

칩 샷을 할 때는 공이 떠서 날아간 후 첫 번째로 떨어질 지점을 일차 목표로 삼고 그 지점을 향해 방향을 잡아야 합니다. 이 지점까지를 캐리 (Carry)라고 하고 이 지점부터 공이 굴러 멈춘 지점까지를 런 (Run)이라고 합니다. 칩 샷의 총 거리는 캐리와 런을 합한 것입니다. 이 때 고려해야 하는 것은 그린에는 경사가 있어 캐리 지점부터 경사에 따라 공이 굴러 가는 방향이 달라지므로 그린의 경사를 파악하여 첫 번째 떨어지는 지점을 찾는 것입니다.

캐리로 떨어트릴 지점을 찾은 후에는 공에서부터 그 지점까지 가상의 라인을 그어 그 라인에 맞추어 방향을 잡고 셋업을 합니다. 이제 공에서부터 캐리 지점까지 기차길을 놓았다고 가정하고 백 스윙부터 팔로우 스루까지 스윙 궤도가 기차길과 평행하게 다니도록 해야 캐리 지점으로 공을 보낼 수 있습니다. 그 다음은 공이 떨어진 캐리 지점에서 홀까지 어떻게 굴러 가는지 관찰해 봅니다

또 한 가지 방향에 영향을 주는 요소는 클럽을 공에 가까이 댈 때 헤드면의 모양으로 헤드면이 타겟 방향에 대해 직각으로 놓여져 있어야 합니다. 클럽의 로프트 각도로 인해 똑바로 놓은 것 같지만 실제로는 헤드면이 왼쪽 방향을 향하고 있는 경우가 많습니다. 칩 샷을 할 때 공이 자주 왼쪽 방향으로 간다면 클럽 헤드가 놓인 모양을 먼저 체크해 보아야 합니다. 셋업을 하고 위에서 클럽 헤드를 보았을 때 타겟 라인에 대해 직각이 아니라 약간 열린 듯이 보이도록 놓아야 합니다.

칩 샷 거리 맞추기

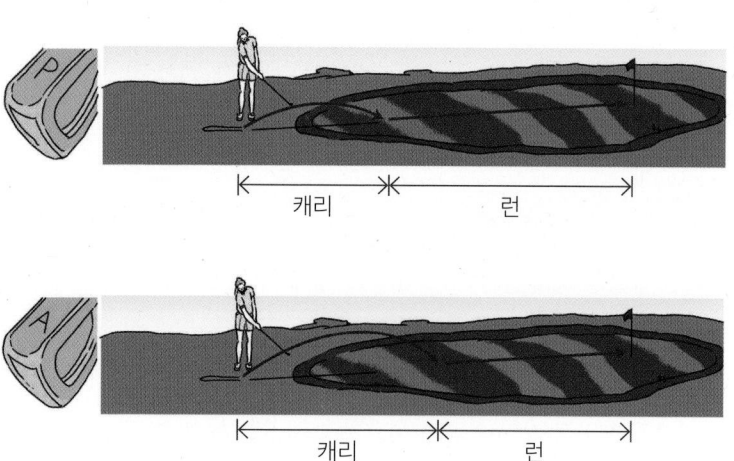

사용하는 클럽에 따라 캐리가 달라진다.

칩 샷은 낮게 떠서 굴러가도록 해야 정확도가 올라간다

칩 샷 거리 조절을 잘 하기 위해서는 ① 어떤 클럽을 사용해야 할지 ② 백 스윙의 크기를 어느 정도 해야 할지 ③ 공을 어느 지점에 떨어트려야 할지 등을 결정해야 합니다. 또한 칩 샷도 다른 아이언 샷과 마찬가지로 공을 치는 것보다 공 아래 잔디를 치고 지나가는 스윙을 할 줄 알아야 합니다. 공 옆을 치는 탑핑이 나는 것은 잔디를 치지 못하고 손목을 써서 공을 맞추려고 하기 때문입니다.

'그린 근처에 가까이 갈수록 가능한 한 공을 굴려라'라는 조언이 있습니다. 칩 샷을 할 때 어떤 클럽을 사용하는가에 따라 공이 뜨는 탄도가 달라지고 구르는 정도가 달라집니다. 공을 띄우지 않고 낮게 떠서 굴러가게 하려면 샌드 웨지보다는 어프로치 웨지, 그리고 어프로치 웨지보다는 피칭 웨지를 쓰는 것이 좋습니다. 즉 클럽의 로프트가 작은 클럽을 쓸수록 공이 덜 뜨고 많이 굴러가며 이렇게 해야 홀에 가까이 가는 정확도가 더 올라갑니다.

피칭 웨지를 사용하여 칩 샷을 하면 캐리보다 런이 크고 어프로치 웨지는 피칭 웨지에 비해 캐리가 조금 더 크고 런은 조금 더 작습니다. 이런 특성을 이용하여 클럽마다 캐리가 얼마나 나오는지 알고 있는 것이 중요합니다. 우선은 피칭 웨지로 20m를 기준 삼아 일정하게 거리를 맞추는 연습을 합니다. 이 때 백 스윙 크기를 어느 정도 해야 하는지 하나의 기준을 정한 다음 백 스윙 크기를 조절하여 다양한 거리를 보내는 연습을 하면 됩니다.

CHAP 18 퍼팅은 굴리기

올바른 퍼팅 자세

동작은 쉬워 보이나 하면 할수록 어려운 것이 퍼팅이다

　퍼팅은 골프 게임을 마무리하는 단계이며 퍼터 (Putter)라는 헤드가 납작한 도구로 조그만 홀에 공을 굴려 넣는 것입니다. 동작 자체는 단순하고 쉬워 보여도 생각보다 방향과 거리를 맞추는 것이 어렵습니다. 따라서 공을 똑바로 굴리는 요령과 거리를 맞추기 위한 기본 동작은 확실하게 알고 있어야 합니다.

　발의 넓이는 겨드랑이 폭보다 약간 좁게 하고 공의 위치는 가운데보다 약간 왼쪽에 두는 것이 좋습니다. 왼쪽 눈 바로 아래 위치하도록 해야 똑바로 굴리는 동작이 용이해집니다. 퍼팅 동작, 즉 스트로크 (Stroke)를 할 때는 손목을 고정하고 어깨를 위 아래로 움직여 시계추같은 동작을 하는 것이 좋고 백 스윙보다 팔로우 스루를 더 크게 하여 공을 터치할 때부터 굴러 가도록 해야 거리 조절을 일정하게 할 수 있습니다.

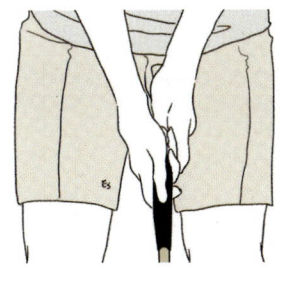

　퍼터 그립을 잡을 때는 양 손이 마주 본 상태에서 손바닥 전체로 잡아야 합니다. 먼저 오른손 엄지 손가락이 지면과 수직이 되도록 하여 최대한 그립의 아래 부분을 잡고 그 다음 왼손은 집게 손가락을 펴서 오른손 중지, 약지, 새끼 손가락 위에 대고 나머지 세 손가락은 그립을 잡습니다. 엄지 손가락은 곧게 편 상태로 오른 손바닥 밑에 넣어 줍니다. 팔꿈치를 살짝 굽혀주고 손목을 세워 헤드 무게가 느껴지도록 잡는 것이 좋습니다.

퍼팅 방향 맞추기

공 뒤에서 홀 컵까지의 경사를 볼 때는 최대한 자세를 낮추어야 잘 보인다.

그린 경사에 대한 조언은 캐디의 중요한 역할 중의 하나이다

퍼팅을 잘하기 위해서는 첫 번째 퍼팅을 할 때 방향과 거리를 정확하게 맞추는 것이 중요합니다. 그 중에서 어느 방향으로 공을 굴려야 할지 정해야 하는데 이는 그린의 경사에 따라 달라지므로 퍼팅을 하기 전에 그린의 경사를 먼저 파악할 수 있어야 합니다. 필드 경험이 적은 경우 그린 경사가 잘 보이지 않아 방향을 잡는 것이 매우 어렵습니다.

최소한 100번 이상의 필드 경험을 해야 조금씩 그린 경사가 보이기 시작한다고 하니 그 때까지는 경사에 관한 캐디의 도움이 매우 중요합니다. 캐디는 그 골프장의 그린을 공부하고 경험한 전문가들이며 각 홀별로 그린의 경사와 높낮이를 파악하고 있으므로 경사에 관한 조언을 받을 수 있습니다. 이 때 경사의 흐름이 얼마나 빠른지 공이 휘어지는 지점이 어디인지를 확인합니다. 퍼팅을 할 때 경사에 의해 공이 휘어지는 지점을 '브레이크 포인트(Break point)'라고 합니다.

그린 경사를 파악하는 것을 '퍼트 라인 읽기'라고 합니다. 공과 홀 사이의 지형과 경사를 파악하는 것입니다. 퍼팅을 제대로 잘하고 싶다면 스스로 퍼트 라인을 읽고 경사를 살펴 보는 경험을 착실하게 쌓아 나가야 합니다. 우선 그린에 가까이 가면서 전체적인 모양과 지형을 살펴 보아야 하고 내 공과 홀 컵 사이의 경사가 어떻게 되어 있는지 파악합니다. 이 때 누군가 퍼팅을 해서 지나간 자국이 있는지 유심히 보는 것도 유용합니다. 최종적으로 퍼팅을 하기 전에는 공 뒤에서 최대한 자세를 낮추어 경사가 있는지 살펴 봅니다.

퍼팅 거리 맞추기

그린에서 걸음 수를 셀 때는 신속하게 움직이고 큰 걸음으로 센다.

퍼팅 거리 조절의 핵심은 백 스윙의 크기를 상수로 만드는 것이다

퍼팅 거리를 맞추기 위해 가장 먼저 할 일은 공에서부터 홀 컵까지의 거리를 큰 걸음 수로 세어 보는 것입니다. 걸음 수를 센 후 그 걸음 수에 x3을 하여 백 스윙 크기를 정하는데 다섯 걸음이면 5X3=15cm, 열 걸음이면 10x3=30cm, 열 다섯 걸음이면 15x3=45cm로 크기를 정해 놓고 퍼팅을 합니다. 이 방식은 매번 퍼팅을 할 때마다 백 스윙의 크기를 정해진 상수로 만들어 놓고 그대로 동작을 하라는 것입니다.

이는 평지 기준이고 홀 컵까지 오르막 또는 내리막이면 거리 조절이 달라집니다. 오르막은 세게 치고 내리막은 살살 치는 방식의 거리 조절은 좋지 않습니다. 퍼팅 리듬이 바뀌기 때문입니다. 그보다 오르막이면 걸음 수를 조금 더 더해주고 내리막이면 빼 주는 방식으로 모든 상황을 걸음 수로 환산하여 백 스윙의 크기를 정하는 것이 좋습니다. 걸음 수를 얼마나 더하고 빼는지는 경험입니다.

골프장의 그린에는 그린 스피드 (Green speed)가 있습니다. 그린 스피드는 퍼팅을 했을 때 공이 얼마나 잘 구르는지를 숫자로 표현한 것입니다. 그린 스피드가 빠른지 혹은 느린지에 따라 퍼팅 스트로크가 달라지므로 방문하는 골프장의 '오늘의 그린 스피드'를 알고 있고 있는 것이 좋습니다. 국내의 경우 아마추어 골퍼를 기준으로 한 그린 스피드는 통상 2.7~2.8m 정도입니다. 2.8보다 숫자가 작으면 느린 그린이고 크면 빠른 그린입니다. 그린 스피드에 따라 평소 자신의 퍼팅 리듬을 바꾸거나 걸음 수를 조정하는 등의 조치를 해야 합니다.

나에게 맞는 퍼터 고르는 법

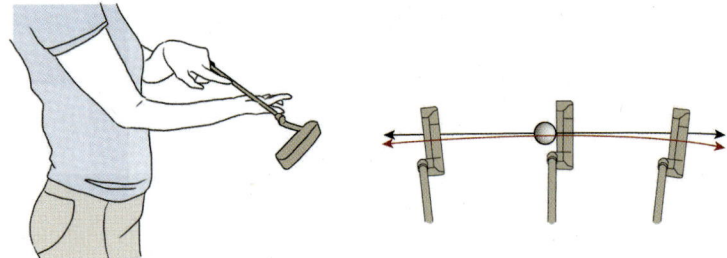

블레이드형 퍼터 - 헤드의 앞부분이 기울어져 있고 퍼팅할 때 아크형 궤도를 그린다

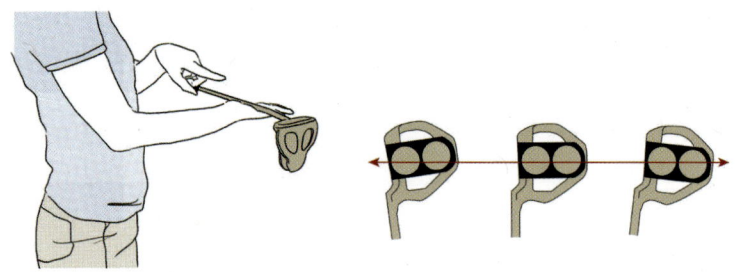

말렛형 퍼터 - 헤드 면이 하늘을 보고 있고 퍼팅할 때 일자형 궤도를 그린다

자신의 퍼팅 스타일에 맞는 퍼터를 써야 한다

블레이드형 퍼터는 헤드의 바깥쪽 부분인 토우를 무겁게 하고 안쪽 부분인 힐을 가볍게 만들어 토우 부분이 기울어지도록 만든 것입니다. 이로 인해 퍼터를 시계추처럼 직선으로 빼서 직선으로 미는 동작을 하면 정확하게 맞지 않습니다. 똑바로 공을 굴리기 위해서는 헤드를 살짝 여닫는 방법으로 궤도를 그려야 합니다. 공이 직각으로 맞는 그 짧은 순간을 포착하여 정확하게 맞추는 미세한 터치감이 필요합니다.

말렛형 퍼터는 헤드의 무게중심을 균등하게 하여 헤드면이 하늘을 보도록 만든 것입니다. 퍼터 헤드를 직선으로 움직이는 스트로크 퍼팅에 적합합니다. 시계추와 같은 동작으로 헤드를 똑바로 빼서 똑바로 굴리는 동작만 정확하게 해주면 되는 것입니다. 또한 관용성이 좋기 때문에 공이 중심에 정확하게 맞지 않아도 헤드가 크게 흔들리지 않아 초보 골퍼들이 사용하기에도 수월합니다.

퍼팅을 터치감으로 하는 것이 좋은지 아니면 스트로크감으로 하는 것이 좋은지는 개인의 퍼팅 스타일에 따라 다릅니다. 일반적으로 블레이드형 퍼터는 터치감으로 하는 퍼팅에 적합하고 말렛형 퍼터는 스트로크감으로 하는 퍼팅에 적합합니다. 처음에는 어떤 퍼팅 스타일을 가지고 있는지 모르지만 퍼팅 연습을 꾸준히 하고 필드 경험을 쌓다 보면 자신에게 맞는 퍼팅 스타일을 발견하게 됩니다. 이 때 자신에게 맞는 퍼터를 정하면 됩니다.

6주차

스코어 전략

> "
> 스코어를 줄이는 지름길이
> 코스 매니지먼트입니다
> "

골프장은 최대한 자연을 살려 코스를 만드므로 플레이에 영향을 주는 요소는 바람, 나무, 풀 그리고 바위와 같은 자연물입니다. 이런 코스의 특징과 함께 관련된 규정을 잘 알아야 합니다. 이를 코스 매니지먼트라고 합니다.

CHAP 19 실전 골프 게임의 세계

골프장의 얼굴, 클럽하우스

클럽하우스는 프론트 데스크, 로비, 식당 그리고 락커 룸으로 구성되어 있다.

프론트 데스크에서는 예약 시간과 예약자명을 말해야 한다

골프장에 도착하면 가장 먼저 해야 하는 일이 클럽하우스의 프론트 데스크에 가서 예약 시간과 예약자명을 말하고 내 이름을 등록하는 것입니다. 등록이 끝나고 락커 룸을 배정받은 후 보스턴 백을 들고 락커 룸으로 이동합니다. 골프 옷을 입고 골프 신발을 갈아 신은 다음 라운드를 하기 위해 필요한 준비물을 챙깁니다. 때로는 클럽하우스 식당에서 식사를 하기도 합니다. 모든 준비를 마친 후 다시 클럽하우스 로비로 나오면 들어왔던 현관 반대편에 있는 스타트 홀 입구로 나갑니다.

스타트 홀은 라운드를 시작하기 전에 잠시 대기하는 장소입니다. 몸을 풀고 스윙 연습을 할 수 있는 공간이 있고 천연 잔디로 조성된 연습 그린이 있어 퍼팅 연습도 할 수 있습니다. 시작 시간 15분 전에는 오늘 플레이를 도와 줄 캐디를 만나 인사를 나누고 자신의 골프 백에 있는 준비물(골프공, 골프 장갑, 티 등)이 빠진 것은 없는지 확인한 후에 게임을 시작하는 첫 번째 홀로 이동합니다.

게임을 시작하는 시간을 골프 용어로 티 오프 타임 (Tee off time)이라고 합니다. 첫 번째 홀에서 첫 번째 플레이어가 공을 티에 올려 놓고 치는 시간을 말합니다. 이 라운드 시간의 팀 별 간격은 보통 7분으로 되어 있어 첫 팀의 티 오프 타임이 7시이면 두 번째 팀은 7시 7분이 됩니다. 골프장마다 티 오프 타임 간격은 조금씩 다른데 주중에는 7~8분, 주말에는 6분 간격으로 배정하는 것이 일반적이며 티 오프 시간 간격이 넓을수록 여유 있게 플레이 할 수 있습니다.

골프 게임 방식

스트로크 플레이

Hole	1	2	3	4	5	6	7	8	9	OUT	TOT
거리	350	470	330	320	120	290	480	170	340	2,850	
Par	4	5	4	4	3	4	5	3	4	36	
Score	2	0	0	2	1						

매치 플레이

Hole	1	2	3	4	5	6	7	8	9	OUT	TOT
Meters	350	470	330	320	120	290	480	170	340	2,850	
Par	4	5	4	4	3	4	5	3	4	36	
A	AS	UP	UP	AS	DN					1UP	
B	AS	DN	DN	AS	UP					1DN	

스트로크 플레이는 매 홀마다 자신의 친 타수와 기준 타수의 차이를 기록하고 매치 플레이는 매 홀마다 이기면 UP, 지면 DN으로 표시한다.

일반적인 게임 방식은 타수를 기록하는 스트로크 플레이이다

스트로크 플레이는 프로와 아마추어 경기 대부분이 취하는 방식으로 18홀 동안 친 타수를 기록하여 적은 타수를 친 플레이어가 이기는 것으로 승부를 정합니다. 대부분의 프로 대회는 이 방식으로 진행합니다. 아마추어 골퍼는 스트로크 플레이를 할 때 18홀 72타를 기준으로 몇 개 더 오버해서 쳤는지 기록하는데 100타 쳤다는 것은 72타보다 28타 더 오버해서 쳤다는 것을 의미하며 90타를 쳤다는 것은 18타 더 오버해서 쳤다는 것입니다. 이처럼 플레이어마다 오버된 개수에 따라 자신의 실력을 판단합니다.

매 홀마다 타수를 따져 승자를 정하는 방식이 매치 플레이이다

매치 플레이는 매 홀마다 승패를 따져 이긴 홀이 많은 사람이 승리하는 방식입니다. 해당 홀에서 이기면 UP, 지면 DOWN, 비기면 AS (All Square)라고 표시합니다. 국가 대항전이나 클럽 대항전 등과 같이 대표선수를 선발하여 팀 별로 시합하는 경우 주로 적용합니다.

① 포섬 (Foursome) 매치 플레이 : 2명이 한 팀이 되어 팀 별로 1개의 공을 번갈아가며 플레이하여 승패를 정하는 방식
② 포볼 (Fourball) 매치 플레이 : 2명이 한 팀이 되지만 4명이 각자 자신의 공으로 플레이를 한 후 팀 별 좋은 스코어로 승패를 정하는 방식
③ 싱글 (Single) 매치 플레이 : 1:1로 플레이를 하여 홀 별로 승패를 정하는 방식

코스 매니지먼트

프로 선수들은 시합을 할 때 야디지북 (Yardage book)이라고 하는 코스 공략 수첩을 미리 준비하여 가지고 다니면서 플레이를 한다.

골프 게임은 코스를 설계한 자와의 머리 싸움이다

모든 골프장에는 코스 설계자가 있습니다. 코스 설계자는 골프장 부지의 특징과 규모에 적합한 코스 레이아웃을 설계할 뿐만 아니라 자신의 디자인 감성을 코스에 표현하기도 하고 자신이 의도한대로 공을 치지 않으면 다양한 불이익을 받도록 디자인합니다. 그래서 골프장에 가는 것은 라운드 당일 주어진 자연환경뿐만 아니라 코스를 만든 설계자와의 치열한 머리 싸움이기도 합니다.

코스를 어떻게 디자인 했느냐에 따라 공략하는 방법이 달라지고 난이도가 결정되므로 필드에 나가기 전에 미리 코스의 특징을 살펴 보고 숙지하는 것이 플레이에 도움이 됩니다. 골프 게임을 잘하려면 스윙도 중요하고 실수 없이 공도 쳐야 하지만 코스를 분석하여 그에 맞는 공략 방법을 준비하고 예상과 다를 때 어떻게 보완할지 미리 계획하는 것도 필요합니다. 대부분 골프장의 홈페이지에 들어가면 코스 소개와 공략법이 나와 있으니 플레이를 할 코스 내 각 홀의 모양과 거리, 그리고 공략 팁 등을 미리 살펴보는 것이 좋습니다.

프로 선수들이 시합할 때 뒷주머니에 작은 노트 같은 것을 가지고 다니는 것을 볼 수 있습니다. 이 노트는 '야디지 북 (Yardage book)'이라고 하는 코스 공략도입니다. 각 홀마다 기본적인 형태, 지형 그리고 거리가 표시되어 있고 그린의 경사와 특징에 관한 상세한 내용이 정리되어 있습니다. 프로 선수들은 실제로 이 야디지 북에 있는 정보를 참고하여 플레이를 합니다.

CHAP 20 골프 스코어 기록하기

스코어 관련 용어

	기준 타수			스코어 표기		
	PAR3	PAR4	PAR5	타수 차	용어	비고
실제 친 타수	-	1	2	-3	알바트로스	
	1	2	3	-2	이글	PAR3는 홀인원
	2	3	4	-1	버디	
	3	4	5	0	파	
	4	5	6	+1	보기	
	5	6	7	+2	더블보기	
	6	7	8	+3	트리플보기	PAR3는 더블파
	-	8	9	+4	더블파	PAR5는 쿼드러플보기

골프 게임의 기본은 스코어를 적게 치는 것이다

매 홀마다 기준 타수가 정해져 있으므로 이 타수보다 적게 쳤는지 아니면 많이 쳤는지에 따라 차이 나는 타수를 스코어카드에 기록하는 것이 가장 일반적인 방식입니다. 즉 PAR4홀에서 4타 만에 홀 아웃(홀 컵에 공을 넣었다는 의미)을 하면 스코어는 '0'이 되고 파를 했다고 합니다. 마찬가지로 PAR3홀에서는 3타 만에, PAR5홀에서는 5타 만에 끝낸 것도 같은 것입니다.

홀에 따라 다른 용어를 쓰는 때가 있는데 PAR3홀에서 한 번에 넣은 경우는 PAR4홀의 이글과 같은 스코어이지만 이 때는 이글이라고 하지 않고 홀인원(Hole in one)이라고 합니다. 평생에 한번 경험하기 쉽지 않은 기록입니다. 또한 PAR5홀에서 4타를 오버한 경우에는 더블 파가 아니라 쿼드러플 보기(Quadruple Bogey)라는 용어를 사용합니다. 반면 PAR4홀에서 5타를 오버한 경우에는 퀸튜플 보기(Quintuple Bogey)라고 하는 다소 생소한 용어를 쓰기는 하지만 아마추어 골퍼 대부분은 관행상 더블파 이상의 스코어를 기록하지 않습니다.

그렇다면 PAR5홀에서 한 번에 공을 넣는 경우에는 어떻게 말을 할까요? 짧게는 450m에서 길게는 500m가 훨씬 넘는 긴 홀에서 한 번의 샷으로 홀 컵에 공을 넣는다는 것은 현실적으로 불가능합니다. 과거에 미국이나 영국에서 이런 타수를 기록한 경우가 있었다고 하지만, 프로 대회에서는 공식 기록이 없습니다. 이렇게 PAR5홀에서 한번에 넣어 4타를 줄인 경우에는 '콘도르(Condor)'라는 용어를 사용합니다.

스코어 카드 작성하기

골프장명 :
Out course   Tee off :

HOLE	1	2	3	4	5	6	7	8	9	OUT	TOTAL
BLUE	370	490	340	340	120	300	510	190	360	3,020	6,220
WHITE	350	470	330	320	120	290	480	170	340	2,870	5.820
YELLOW	330	460	320	300	90	250	460	150	310	2,670	5.360
RED	310	420	290	280	90	210	410	130	290	2,430	4,890
PAR	4	5	4	4	3	4	5	3	4	36	72
김OO님	0	-1	1	0	0	0	0	0	0	36	
이OO님	2	0	0	2	1	1	0	0	1	43	
박OO님	0	1	1	1	1	1	1	1	1	44	
조OO님	0	1	2	2	1	1	1	1	1	46	
HDCP	7	15	3	17	5	11	13	1	9		

골프장에서 제공하는 스코어카드(예시)에 플레이어별로 오버된 스코어를 기록한다.

스코어 카드에는 다양한 코스 정보가 들어 있다

  골프장에서 제공하는 스코어 카드에는 골프장의 코스명과 함께 라운드를 하는 날짜와 시간, 코스에 관한 기본 정보가 표기되어 있습니다.

① Tee Off : 게임 시작 시간
② HOLE : 홀의 번호
③ BLUE (or BLACK) : 프로 선수가 치는 티잉 그라운드의 거리
④ WHITE : 아마추어 남성이 치는 티잉 그라운드의 거리
⑤ YELLOW : 시니어급 아마추어 남성이 치는 티잉 그라운드의 거리
⑥ RED : 아마추어 여성이 치는 티잉 그라운드의 거리
⑦ PAR : 기준 타수 (3, 4, 5 세 가지의 기준타수가 있다)
⑧ HDCP : 핸디캡의 약자로 해당 홀의 난이도를 숫자로 표시
⑨ OUT : 아웃 코스 총 길이와 스코어의 합계
⑩ IN : 인 코스 총 길이와 스코어의 합계
⑪ TOTAL : 플레이어별로 라운드를 하면서 친 합계 스코어

  티잉 그라운드는 골프장마다 조금씩 다르게 만들어져 있으며 각 홀별로 1개만 있는 곳도 있고 많게는 5개 이상 만들어진 홀도 있습니다. 티 샷을 하는 구역에 있는 마크의 색깔로 플레이어의 위치를 표시하며 그 위치에 따라 공략하는 거리가 달라집니다. HDCP, 즉 핸디캡은 18홀 골프장의 경우 1~18, 27홀 골프장의 경우 1~9 사이의 숫자로 표시하며 숫자가 작을수록 난이도가 높아 코스를 공략하는 것이 훨씬 더 어렵게 만들어져 있다는 것입니다.

나만의 스코어 전략

[3-1-2 스코어 카드]

코스명 :   일자 :   이름 :

홀정보				나의 기준 타수	롱게임 60m 이상	숏게임 60m 이내	퍼팅게임 그린 위	타수	스코어
홀	PAR	HDCP	거리						
1H	4	7	350		3	1	2	6	+2
2H	5	15	470						
3H	4	3	330						
4H	4	17	320						
5H	3	5	120						
6H	4	11	290						
7H	5	13	480						
8H	3	1	170						
9H	4	9	340						
합계									

나 만의 스코어 카드를 만들어 기록해 본다.

100타를 깨기 위한 스코어 전략은 3-1-2 전략이다

72타를 기준으로 오버된 총 타수가 +9 이내인 골퍼를 싱글 플레이어라고 합니다. 오버된 타수가 한 자리로 전체 아마추어 골퍼의 1% 정도밖에 되지 않을 정도로 기록하기 어려운 타수입니다. 매 홀에서 한 타씩 오버하여 총 타수가 +18 전후이면 이를 보기 플레이어라고 하며 골프를 하는 사람은 누구나 달성해 보고 싶은 스코어입니다. +28이 되면 이때부터 100타가 넘는 세 자리 스코어가 됩니다.

골프에 입문하여 동반자에게 민폐를 끼치지 않고 즐겁게 게임을 하고 싶다면 적어도 100타 전후의 스코어를 기록할 수 있어야 합니다. 매 홀 2타씩 오버해서 스코어를 기록한 것으로 가정해 보면 18홀에 36타를 오버하게 되어 최종 스코어는 108타가 됩니다. 100타를 넘기는 스코어이지만 정확하게 기록해서 달성한 스코어인 경우 상당히 골프를 잘하는 것입니다. 100타를 깨는 것이 목표인 골퍼가 첫 번째로 달성해야 하는 스코어입니다.

매 홀마다 더블 보기를 기록하기 위한 스코어 전략을 파4홀 기준으로 '3-1-2 전략'이라고 합니다. 풀 스윙을 세 번해서 60m 이내 숏 게임 영역으로 진입하고 숏 게임 스윙 한 번으로 그린에 올린 후 퍼팅 두 번으로 게임을 마무리하는 것입니다. 이것이 바로 100타를 깨기 위한 나만의 스코어 전략입니다. 매 홀마다 3-1-2 전략대로 게임을 하고 있는지 확인해보고 전략대로 잘 되지 않는 영역부터 집중해서 연습하면 스코어는 금방 향상됩니다.

CHAP 21 알아야 할 골프 규정

골프는 심판이 없는 운동

골프에서 시간을 지키는 것은 모든 규정에 우선한다.

골프 규정은 자신에게는 엄격하게, 타인에게는 관대하게 적용한다

　골프는 다른 스포츠 종목과는 달리 게임 중에 플레이를 도와주고 규정에 어긋난 상황이 생겼을 때 바로 잡아주는 경기 위원이나 심판이 없습니다. 플레이어 각자가 스스로 규정을 숙지하고 지키면서 위반했을 경우 그에 상응하는 조치를 취해야 합니다. 규정을 위반했는지 판단하기 애매한 사항이 발생했을 때는 게임을 같이 하는 동반자와 상의해서 결정해야 합니다.

　실제 프로 골퍼들이 참가하는 투어 대회에서는 규정을 어겼거나 어떤 규정을 적용할지 애매한 상황이 발생하면 대회 공식 경기 위원이나 규정 담당자를 불러 도움을 요청하여 판정을 받기도 합니다. 간혹 규정 위반 여부를 무시하고 넘어갔다가 미디어에 노출되거나 갤러리의 신고를 받고 조사하는 과정에서 규정 위반에 따른 후속 조치가 뒤늦게 이루어지기도 합니다.

　프로 골프는 경쟁을 하는 대회이므로 명확하게 규정을 적용하지만 아마추어 골프는 규정을 위반해도 그냥 넘어가는 경우가 많습니다. 모든 위반을 일일이 지적하면서 플레이를 하면 진행 시간도 많이 지연되고 친목을 목적으로 하는 라운드에서 동반자의 기분이 상하거나 분위기가 어색해지기 때문입니다. 반면 규정을 잘 지키는 사람 입장에서는 손해를 보는 억울한 상황이 생길 수도 있으므로 골프 규정은 융통성을 가지고 자신에게는 엄격하게, 타인에게는 관대하게 적용하는 지혜가 필요합니다.

패널티, 벌타의 종류

플레이를 할 때 규정을 엄격하게 적용할지 관대하게 적용할지에 대한 판단의 순간에 자주 부딪히게 된다. 상황에 맞는 지혜로운 선택이 중요하다.

골프 게임의 가장 큰 원칙은 공을 있는 그대로 치는 것이다

라운드를 하다 보면 예상하지 못한 상황이나 변수들이 많이 발생합니다. 본인의 의사와 관계없이 공을 더 이상 칠 수 없는 상황도 있고 공을 치기 곤란한 장소에 공이 떨어졌을 때 필요한 조치를 취해야 하는 경우도 있습니다. 이 때 공이 놓여져 있는 상황에 따라 패널티 (Penalty)라고 하는 벌타를 적용하는데, 여기에는 1벌타와 2벌타가 있습니다. 벌타가 없는 무벌타의 경우도 있습니다.

공이 코스의 정해진 구역을 벗어나거나 연못에 빠져 처음에 쳤던 공을 사용하지 못하고 아예 새로운 공으로 다시 쳐야 하는 경우 또는 공이 어딘가에 떨어졌는데 찾지 못해 잃어버린 경우에는 1벌타를 받고 2클럽 범위내에 새로운 공으로 놓고 플레이를 이어갑니다. 그러나 카트 도로, 울타리, 스프링쿨러, 맨홀 뚜껑 등과 같이 인공적으로 만든 장애물 위에 공이 있어 치기 어려운 경우에는 벌타를 받지 않고 1클럽 범위내에서 공을 칠 수 있는 자리로 옮겨 플레이를 할 수 있습니다.

플레이를 하다 보면 누구나 샷을 하기 어려운 자리에 공이 있을 때나 날아가는 방향에 나무 등이 가리고 있을 때 좋은 자리로 옮겨 놓고 싶은 충동이 생기기 마련입니다. 이 때 임의로 공을 집어서 다른 자리로 옮기면 2벌타에 해당됩니다. 스윙하는데 방해가 되는 풀이나 나뭇가지를 꺾는 등 자연물을 훼손시키는 것도 2벌타입니다. 최대한 공이 놓여 있는 상태 그대로 공을 치되 공을 치기 어려운 부득이한 상황이라면 반드시 동반자에게 알리고 합의 하에 공의 위치를 옮길 수 있습니다.

스코어 관련 골프 규정

① OB (Out of Bounds)

OB가 난 경우에는 1벌타를 받고 쳤던 자리에서 다시 친다.

OB 구역은 흰색 말뚝으로 표시한다

모든 홀에는 플레이를 할 수 있는 구역과 플레이를 할 수 없는 구역이 있습니다. 플레이를 할 수 없는 구역은 말뚝이나 선으로 표시합니다. 50cm 정도의 길이에 흰색 말뚝이 박혀 있으면 이는 OB 경계선입니다. 플레이할 수 있는 구역을 벗어나 OB가 나면 1벌타를 받고 원래 쳤던 자리에서 다시 치거나 2벌타를 추가한 후 OB난 근처에서 공을 드롭하고 칠 수 있습니다.

OB인지 아닌지 확실하지 않을 경우에는 공을 다시 칠 수 있는데 이를 프로비저널 볼(Provisional ball)이라고 합니다. 예전에는 잠정구라는 명칭을 사용했습니다. 이 프로비저널 볼을 칠 때는 기존에 쳤던 공과는 다른 번호를 쓰거나 다르다는 표시를 해야 하며 처음 쳤던 공이 OB가 아니면 그대로 플레이를 하고 OB가 확실하면 벌타를 받고 프로비저널 볼로 플레이를 하면 됩니다.

우리나라 골프장의 경우 게임 진행의 속도를 위해 페어웨이 중간에 OB티라는 장소를 만들어 OB가 날 경우 친 자리에서 치지 않고 OB티로 이동하여 공을 치도록 로컬 룰로 만든 골프장이 많습니다. 이곳에서 칠 때는 이동한 것도 1타라고 보고 4타째 공을 치게 하는 것입니다. 대개 초보 골퍼는 그 자리에서 다시 치는 것보다 OB티로 이동하여 치는 것이 훨씬 더 유리한 경우가 많습니다.

② 해저드 (Hazard)

해저드 구역

해저드 구역에 빠진 경우 1벌타를 받고 빠진 근처에 공을 드롭하고 친다.

해저드 구역은 빨강색이나 노랑색 말뚝으로 표시한다

해저드는 통상 호수, 개천, 연못, 도랑과 같은 물과 관련된 지형을 말하며 워터 해저드라고도 합니다. 이 구역으로 공이 갈 경우에도 1벌타를 받습니다. 해저드인 경우에는 OB와 마찬가지로 1벌타를 받고 쳤던 자리에서 다시 칠 수도 있으나 공이 빠진 근처의 일정한 구역에서 칠 수도 있습니다. 일정한 구역이란 공이 물에 빠진 시작 지점을 기준으로 2클럽 길이 범위 내에서 공을 드롭하여 플레이를 할 수 있는 지점을 말합니다. 단 드롭을 할 때는 홀에서부터 먼 곳으로 해야 합니다.

골프장에 따라 해저드 티 구역을 별도로 만들어 놓는 경우도 있습니다. 해저드 티 또는 드롭 존 (Drop zone)이라고 하여 해저드에 공이 빠지면 1벌타를 받고 별도로 만들어진 장소로 이동하여 공을 치는 것입니다. 특히 연못을 가로질러 가는 파3홀인 경우 그린 근처에 해저드 티를 만들어 놓은 경우가 많습니다.

만약 해저드 구역이지만 물이 없고 공을 칠 수 있는 상황이라면 벌타 없이 그대로 공을 칠 수 있습니다. 단 임팩트 순간을 제외하고는 클럽이 바닥에 닿아서는 안됩니다. 이는 벙커에서도 동일하게 적용합니다. 어드레스를 할 때 클럽 헤드가 바닥에 닿으면 규정상으로 2벌타를 받게 되므로 주의해야 합니다. 만약 벙커에서 공을 칠 자신이 없으면 2벌타를 받고 벙커 밖으로 나와 드롭하고 칠 수도 있습니다.

③ 로스트 볼 (Lost ball)

공을 잃어버린 경우에는 OB와 같은 규정을 적용한다.

로스트 볼은 가장 억울하게 느끼는 규정이지만 인정해야 한다

　숲 속이나 풀과 낙엽이 많은 지역으로 공이 떨어지면 공을 찾지 못하는 경우가 있습니다. 이 때 공을 찾는 시간으로 3분이 주어지며 시간 내에 자신의 공을 찾지 못하면 로스트 볼, 즉 분실구 처리를 하는데 OB와 같은 규정을 적용합니다. 단 프로의 시합이 아닌 이상 3분이 아니라 잠깐 공을 찾아보고 없으면 로스트 볼임을 인정하고 다른 공으로 빨리 플레이를 이어 나가는 것이 좋습니다. 원래는 1벌타를 받고 쳤던 자리로 돌아가 다시 쳐야 하나 대부분 2벌타를 받고 공이 없어진 근처에서 플레이를 진행합니다.

　없어진 공을 발견할 가능성도 충분히 있으므로 자신이 플레이한 공이 어느 브랜드의 몇 번인지 알고 있는 것도 필요합니다. 이를 위해 대부분 첫 홀에서 시작할 때 오늘 플레이하는 공의 브랜드와 번호를 동반자에게 알려 주어야 하며 자신의 공임을 바로 알 수 있도록 이니셜이나 그림으로 표시를 하는 것도 필요합니다.

　때로는 분명히 공을 찾지 못했는데도 자신의 공을 찾은 것처럼 다른 공을 슬쩍 놓고 플레이를 하거나 남의 공으로 플레이를 하는 비양심적인 경우도 있습니다. 이로 인해 동반자와 분쟁이 생기기도 하고 분위기가 어색해지는 상황도 발생합니다. 잘 친 공이 없어지면 누구나 아쉬울 수 밖에 없습니다. 그렇다고 동반자를 속이고 다른 공으로 플레이하는 일은 없어야 합니다.

④ 언플레이어블 볼 (Unplayable ball)

자연물에 방해가 되어 공을 치기 어려운 경우 1벌타를 받고 두 클럽 길이 이내에서 그린과 가깝지 않은 지점에 드롭을 한다.

공이 놓인 상황에 따라 벌타를 받지 않는 경우도 있다

　골프를 하다 보면 여러가지 장애물로 공을 칠 수 없는 상황에 부딪히게 됩니다. 주로 큰 나무나 바위 아래에 공이 있거나 스윙 동작을 할 때 나무에 걸리는 상황입니다. 이 때는 공을 칠 수 없다는 것을 동반자에게 알리고 필요한 조치를 취해야 하는데 이를 '언플레이어블 볼'이라고 합니다. 언플레이어블 볼은 해저드와 같은 룰을 적용하여 공을 두 클럽 길이 범위 내에서 공을 칠 수 있는 자리에 공을 옮겨서 플레이를 하게 됩니다. 단 그린으로부터 가깝지 않은 지점이어야 합니다.

　언플레이어블 볼 선언은 꼭 자연 장애물일 때만 하는 것은 아닙니다. 인공 장애물로 인해 공을 칠 수 없는 경우에도 언플레이어블 볼이라고 동반자에게 말을 해야 합니다. 이 경우에는 벌타가 없는 무벌타로 한 클럽 범위 내에서 공을 옮길 수 있습니다. 이 때도 드롭하는 지점이 그린에서 가깝지 않은 곳이어야 합니다. 지면에 공이 박힌 경우도 있는데 이 때도 벌타없이 한 클럽 이내에 공을 옮겨 놓고 칠 수 있습니다.

　골프는 그 어떤 운동 경기보다 지켜야 할 규정이 많고 플레이하는 각자의 양심에 따라 명확하게 적용해야 하는데 모든 규정을 다 알 수는 없습니다. 이 책에서 언급한 기본적인 규정부터 확실히 알고 그에 맞게 플레이를 하려고 노력한다면 같이 골프를 치는 동반자들로부터 매너 있는 골퍼로 좋은 인상을 남길 수 있으며 누구와 같이 플레이를 해도 즐거운 라운드를 할 수 있을 것입니다.

7주차

프리샷 루틴

> **"**
> 멋진 샷은
> 프리 샷 루틴으로 완성합니다
> **"**

필드에서 실수를 줄이고 일관된 샷을 하려면 공을 칠 때 순간적인 집중력을 잘 발휘해야 합니다. '프리 샷 루틴(Pre-shot Routine)'은 공을 치기 전에 실행하는 일련의 자동화된 과정으로 집중력 향상에 도움을 줍니다.

CHAP 22 골프는 확률 게임

골프 실력을 보여주는 통계 지표

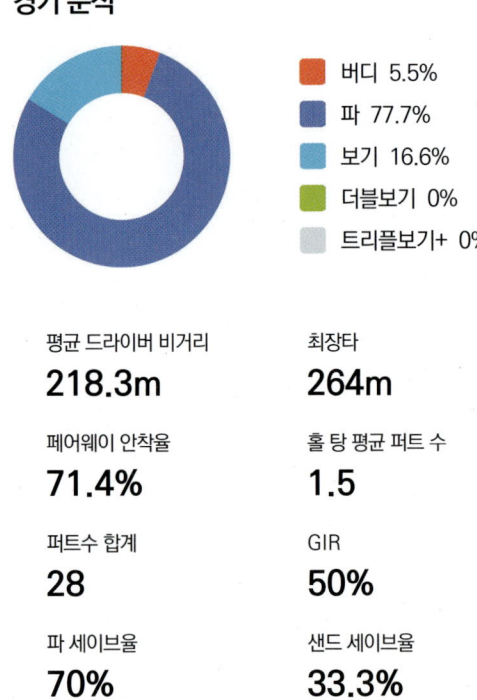

평균 드라이버 비거리
218.3m

최장타
264m

페어웨이 안착율
71.4%

홀 탕 평균 퍼트 수
1.5

퍼트수 합계
28

GIR
50%

파 세이브율
70%

샌드 세이브율
33.3%

스크린 골프를 이용하면 18홀 게임을 한 결과를 다양한 통계치로 살펴 볼 수 있다. 이를 통해 자신의 샷이나 게임 운영 능력을 효과적으로 향상시킬 수 있다.

① 페어웨이 안착률

파3홀을 제외한 14개 홀에서 드라이버로 티 샷 한 공이 몇 개가 페어웨이에 떨어졌는지 통계를 낸 것으로 드라이버 샷의 정확도를 알 수 있습니다.

② GIR

GIR (Green in regulation), 즉 그린 적중률은 각 홀 별로 규정 타수 내에 '온 그린 (On green)'한 것으로 PAR3홀은 1번, PAR4홀은 2번, PAR5홀은 3번 만에 그린 위에 공을 올린 홀 수를 기록하여 통계를 낸 것입니다. 우드나 아이언 샷의 정확도를 측정합니다.

③ 홀 당 평균 퍼트 수

매 홀마다 2번 퍼트하여 36번의 퍼트를 하는 것이 기본이지만 퍼트 수를 줄일수록 스코어는 좋아집니다. 전체 퍼트 수를 18로 나누어 홀 당 평균치를 계산합니다.

④ 파 세이브율

규정 타수 내에 그린에 공을 올리지 못하고 그린 주변에서 숏 게임을 하여 홀 컵 가까이 공을 보내 한 번의 퍼트로 게임을 마친 경우 스코어 세이브를 했다고 표현하는 수치입니다. 그린 주변에서의 숏 게임 정확도를 알 수 있습니다.

굿 샷이 나올 확률

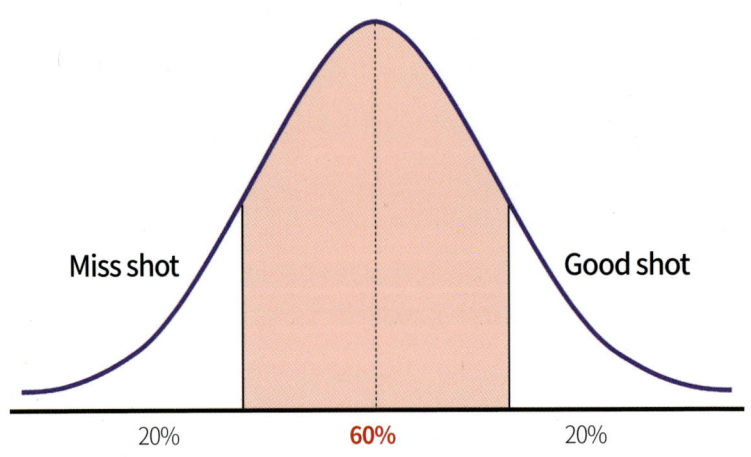

모든 샷이 항상 잘 맞는 것은 아니다. 확률에 따라 정규분포도가 만들어진다.

굿 샷을 치지 못한 것이 실수라는 생각을 버려야 한다

골프는 양궁이나 사격과 같은 타겟 게임과 유사하여 아무리 사격을 잘하는 명사수라도 항상 10점짜리 타겟에 명중시킬 수 없듯이 골프도 모든 샷이 항상 잘 맞는 것은 아닙니다. 확률에 따라 정규 분포가 만들어지며 실제로 잘 맞았다고 생각이 되는 굿 샷은 20% 밖에 되지 않습니다. 또한 그와 비슷하게 미스 샷도 20% 정도 발생합니다. 그렇다면 굿 샷도 아니고 미스 샷도 아닌 나머지 60%의 샷은 무엇일까요? 이것이 바로 '나의 샷'입니다.

'나의 샷'을 인정하는 것은 골프에서 매우 중요한 본질입니다. 나의 샷은 게임을 하는데 전략적으로 지장이 없는 것으로 '유효 샷'이라고도 합니다. 즉 굿 샷이 나오지 않으면 실수라는 생각을 버려야 합니다. 이 유효 샷만으로도 동반자들과 즐거운 게임을 할 수 있습니다. 또한 연습을 할 때도 굿 샷이 나오지 않는 이유를 찾기보다 유효 샷의 범위를 일정하게 만드는 것에 초점을 맞추어야 합니다.

골프에서의 유효 샷은 무엇을 말하는 것일까요? 자신의 드라이버 평균 비거리가 180m인데 코스에서 150m 밖에 보내지 못했다고 한다면 이것은 실수일까요? 그렇지 않습니다. 아직 스코어를 세는 데 지장이 없으므로 이는 유효 샷입니다. 아니면 100m 정도 남은 거리에서 아이언 7번으로 공을 쳤는데 그린 위에 공이 올라가지 않고 살짝 그린 밖으로 벗어났다면 이는 실수일까요? 여전히 게임을 진행하는데 문제가 없으므로 이것도 유효 샷입니다.

실수는 줄이고 유효 샷은 늘리고

골프를 하다 보면 어이 없는 실수에 좌절하고 분노하는 경우가 많다. 실수를 탓하기보다 실수를 했을 때 어떻게 대응하느냐가 더 중요하다.

골프는 90%의 멘탈과 10%의 스윙으로 이루어진다

골프를 할 때 스윙보다는 멘탈이 90%의 비중을 차지한다고 하는 것은 많은 골프 전문가들이 골프 멘탈의 중요성을 강조하면서 나온 말입니다. 골프는 셀 수 없이 많은 연습을 통해 실력을 쌓고 그 기술을 구현하는 것도 중요하지만 그에 더하여 얼마나 강한 멘탈을 가지고 있느냐에 따라서도 게임의 흐름을 좌우하게 됩니다. 다른 운동에 비해 골프는 하면 할수록 잘 안 된다는 핑계가 유독 많은 것도 바로 멘탈의 문제를 극복하기 쉽지 않기 때문입니다.

결국 연습장에서보다 필드에서 더욱 미스 샷이 많이 나오는 것은 연습장과는 다른 환경과 상황에 차분하게 대응하지 못하고 심리적으로도 매우 혼란스럽기 때문입니다. 이런 가운데서 실수를 줄이고 유효 샷을 늘리기 위해서는 순간적인 집중력을 발휘하도록 몰입의 깊이를 만드는 것이 매우 중요합니다. 또한 누구나 18홀 게임을 하다 보면 난감한 상황에 처할 수 있는데 이러한 위기 상황을 잘 대처할 수 있는 평정심도 갖추어야 합니다.

몰입의 깊이를 만드는 것은 거창한 일이 아닙니다. 일상이 바빠 자주 필드에 나가지 못하는 아마추어 골퍼에게는 한 라운드의 한 홀, 한 타가 매우 소중합니다. 그렇기 때문에 그 한 타에 최선을 다하고 최선을 다한 것에 만족하면 되는 것입니다. 또한 실망스러운 결과가 나왔다 해도 흥분하지 않도록 마인드 컨트롤을 할 수 있어야 합니다. 이를 가능하게 해주는 것이 바로 '프리 샷 루틴'입니다.

CHAP 23 프리 샷 루틴

프리 샷 루틴 준비

코스에서는 프리 샷 루틴을 시작하기 전에 목표를 정하고 그 목표를 향해 방향을 잡는 에이밍(Aiming)을 잘 해야 한다.

여러 가지의 고려 사항이 순식간에 머리를 스치고 지나간다

필드에서 하나의 샷을 하기 위해서는 최소한 7~8가지의 사항을 고려할 수 있어야 합니다. 이는 아주 짧은 시간에 이루어지며 스윙 동작의 완성도보다 더 중요하고 내 몸이 자동화된 패턴으로 만들어져 있어야 하는 요소들입니다. 결국 샷을 하기 위해 클럽을 선택한다는 것은 이와 같은 모든 고려 사항을 종합하여 어떤 전략으로 공략할지 판단하고 행동으로 옮기는 고도의 지적인 활동인 것입니다.

하나의 샷을 위해 고려해야 하는 사항을 보면 ① 공에서부터 그린에 있는 핀까지의 거리와 ② 홀의 특징과 지형을 살핀 후 ③ 오르막 또는 내리막 경사를 고려하고 ④ 바람의 세기를 가늠합니다. 또한 ⑤ 공이 놓여 있는 상태와 ⑥ 경사면을 따져 보고 ⑦ 공이 날아 가는 방향의 위험 요소와 ⑧ 공이 떨어질 지점의 상태도 살펴 봅니다. 그런 다음 최종적으로 보내야 할 거리를 결정하고 사용할 클럽을 선택한 후 방향을 잡고 샷을 하는 것입니다.

공을 어디로 보낼지 목표를 정하고 그 목표를 향해 방향을 잡는 것을 에이밍(Aiming)이라고 합니다. 그런데 옆으로 서서 목표를 바라 보면 목표 지점이 아닌 다른 지점을 보고 있는 것처럼 느껴져 자세를 조정하게 됩니다. 초보 골퍼의 경우 목표보다 오른쪽을 겨냥하는 경향이 많습니다. 목표에서부터 공까지 가상의 라인을 그린 다음 그 라인에 대해 자신의 어깨, 허리 그리고 무릎이 평행이 되도록 자세를 잡을 수 있어야 합니다. 프리 샷 루틴은 이런 준비 과정을 거쳐 실행하게 됩니다.

프리 샷 루틴의 전체 과정

자신만의 고유한 프리 샷 루틴을 디자인한다.

클럽을 선택하고 공 앞에 서는 순간부터 프리 샷 루틴은 시작된다

코스에 가서 플레이를 하다 보면 스윙의 문제보다 불안감, 욕심, 산만함 등의 운동 외적인 요인으로 실수를 하거나 일관성 있는 샷을 하는 것이 어려울 때가 많습니다. 이런 여러 가지 방해 요인으로부터 나의 스윙을 일관성 있게 지켜주는 것이 프리 샷 루틴(Pre-shot routine)으로 이를 무의식 중에도 일정하게 할 수 있을 때까지 꾸준히 연습해야 좋은 샷을 할 확률이 높아집니다.

누구나 적용할 수 있는 프리 샷 루틴 순서는 다음과 같습니다.
① **심호흡을 한다.** 목표를 바라보고 바로 서서 숨을 크게 들이마신다.
② **셋업을 한다.** 공 앞에서 그립과 셋업을 고민하면 안된다.
③ **왜글을 한다.** 손목을 가볍게 흔들거나 어깨를 움직여 긴장을 푼다.
④ **빈 스윙을 한다.** 실제로 공을 치겠다는 마음으로 해야 한다.
⑤ **이동하고 셋업을 한다.** 공 앞으로 이동하여 다시 그립과 셋업을 한다.
⑥ **왜글을 한다.** 처음 했던 왜글을 다시 한번 반복한다.
⑦ **시선을 둔다.** 목표를 한 번 보고 최종적으로 스윙의 최저점을 본다.
⑧ **샷을 한다.** 잠시 피니시에서 멈추고 공이 날아가는 것을 바라 본다.

위에 언급한 내용을 기준으로 자신만의 프리 샷 루틴을 디자인하여 소요 시간을 측정해 봅니다. 순서는 달라도 되지만 전체적으로 20초를 넘지 않도록 하는 것이 좋습니다. 너무 빠르거나 느리지 않도록 흐름을 잘 조정해야 합니다. 샷의 결과에 연연하지 말고 이와 같은 과정에 집중하다 보면 불필요한 생각은 사라지고 마음의 평정이 유지되면서 샷이 좋아지는 것을 느끼게 됩니다.

8초라는 시간의 함정

골프의 쉬운 점이면서 어려운 점이 가만히 있는 공을 친다는 것이다. 생각할 시간이 너무 많기 때문이다.

프리 샷 루틴은 다른 생각이 끼어 들지 못하게 하는 방패이다

골프의 어려운 점 중 하나가 가만히 있는 공을 치는 것입니다. 그 이유에는 '시간'이라는 함정이 있습니다. 샷을 하기 위해 준비하는 시간을 제외하고 실제 공을 치기 위해 어드레스를 한 뒤 샷을 하는 시간은 불과 8초 이내입니다. 문제는 많은 아마추어 골퍼가 그 시간을 다른 용도로 사용합니다. 공 앞에 서서 그립 잡는 것을 고민하고 레슨 받은 내용을 떠올리며 이것 저것 생각하는데 주어진 시간을 채우다 보니 정작 공을 치는 목적을 잊어버리게 됩니다.

이런 시간의 함정에 빠지지 않기 위해서는 샷을 하는 동안 불필요한 생각의 틈이 생기지 않도록 해야 하며 이 때 필요한 것이 바로 프리 샷 루틴입니다. 이것 저것 고민하거나 생각하지 않고 하나의 샷을 하기까지의 과정 그 자체에 최선을 다 하다 보면 잡다한 생각은 점점 없어지고 집중력은 높아집니다. 이런 차분한 상태에서 샷을 해야 어이 없는 실수는 줄어들고 좋은 샷을 할 확률이 커집니다.

멘탈도 훈련해야 합니다. '욕심내지 말아야지' 한다고 해서 욕심이 없어지는 것이 아닙니다. '흥분하지 말아야지' 한다고 해서 흥분이 가라앉는 것도 아닙니다. 라운드를 하면서 자신도 모르게 급해지고 흥분되는 상황일수록 심리적으로는 더 집중력을 발휘하면서 신체적으로는 큰 근육을 사용할 줄 알아야 합니다. 생각한 대로 잘되지 않더라도 자신의 스윙에 믿음을 가지고 이를 도와주는 프리 샷 루틴을 꾸준히 실천하는 것이 중요합니다.

CHAP 24 골프 멘탈 강화

상상 라운드 훈련

가려고 하는 골프장의 코스를 머리 속에 그려 보고 어떻게 공략할지 정한 다음 클럽을 선택하고 프리 샷 루틴을 실행한다.

연습 스윙과 실제 공을 칠 때의 스윙이 같아야 한다

프리 샷 루틴 연습을 효과적으로 하기 위해 필요한 것이 상상 라운드입니다. 잘 알고 있는 골프장의 코스를 머리에 그리면서 1번 홀의 지형과 거리를 따져 보고 방향을 잡은 다음 타석에 서서 프리 샷 루틴을 지켜 드라이버 샷을 합니다. 그 결과에 따라 남은 거리를 다시 계산하고 그에 맞는 클럽을 선택하여 세컨 샷을 합니다. 이런 방식으로 3~4홀 정도 돌면 20분 내외의 시간이 걸립니다.

지금은 실내 스크린 골프가 활성화되어 상상 라운드를 하지 않고 실제 화면으로 코스에 입장하여 각각의 샷을 트레이닝 할 수 있습니다. 마치 게임을 하는 것처럼 남은 거리에 따라 클럽을 바꾸면서 프리 샷 루틴을 지키는 훈련을 하는 것입니다. 풀 스윙이 익숙해지면 숏 게임과 퍼팅 영역까지 넓혀 가면서 프리 샷 루틴을 연습합니다. 모든 샷은 연습할 때의 스윙과 실제 공을 칠 때의 스윙을 똑같이 실행하는데 집중해야 합니다.

스윙에는 리듬이 있듯이 하나의 공을 치는 과정에도 리듬이 있습니다. 프리 샷 루틴은 이 리듬을 일정하게 해주는 역할을 하는데 공이 잘 맞지 않을 때를 보면 대부분 스윙이 빨라진 것입니다. 긴장, 또는 흥분한 상태에서 동작을 하다 보니 자신도 모르게 빨라지기 쉽습니다. 사실은 스윙 그 자체가 빨라진다기보다는 공을 치는 과정이 빨라진 것입니다. 프리 샷 루틴을 실행해야 어떤 상황이든 급해지지 않고 좋은 리듬을 유지할 수 있습니다.

긍정적인 마인드 강화

스윙을 시작하기 전에 숨을 깊게 들이마신 후 내쉬는 심호흡을 하면 몸의 긴장이 풀어지고 심리적으로도 편안해진다.

잠재의식이 골프에 미치는 영향은 매우 크다

 잠재의식은 본인의 자아상인데 골퍼로서의 자아상은 다양한 샷을 하는 세부적인 자신의 모습을 가지고 있습니다. 매 샷을 할 때마다 동작을 고민하면서 의식적으로 몸을 움직이는 것보다 잠재의식이 몸을 움직이도록 하면 더 좋은 결과를 가져오기 때문에 마음 속의 잠재 의식 속에 있는 이미지는 매우 중요합니다. 따라서 라운드를 할 때 항상 자신에 대한 좋은 이미지와 긍정적인 마인드를 가지고 있어야 합니다.

 우리의 몸 컨디션을 좋은 상태로 유지하려면 좋은 식습관과 꾸준하게 운동을 실천해야 한다는 것은 누구나 알고 있습니다. 마찬가지로 우리의 마음 컨디션도 유익한 생각과 기쁨, 긍정적인 마인드를 계속해서 쌓아 갈 때 좋은 상태로 유지됩니다. 실수를 걱정하고 아직 일어나지도 않은 결과에 초조해하는 것보다 멋지게 날린 스윙과 결정적인 순간에 성공시켰던 훌륭한 퍼팅을 떠올리며 경기에 임한다면 그 날의 골프는 좋은 추억으로 기억될 것입니다.

 그러나 이러한 잠재의식과 긍정적인 마인드는 그냥 만들어지는 것이 아닙니다. 멋진 스윙을 만들기 위해 열심히 노력하는 것처럼 멘탈 훈련을 통해 강화시켜 나가야 합니다. 골프가 주는 가치 중의 하나는 다양한 분야의 좋은 사람들을 만나고 처음 보는 사람들과도 쉽게 공감대를 형성하며 이야기할 수 있다는 것입니다. 긍정적인 마인드가 이 가치를 더욱 빛이 나게 해줍니다. 이를 위해서라도 좋은 멘탈을 유지하기 위한 노력을 꾸준히 하는 것이 좋습니다.

실전 게임 감각의 유지

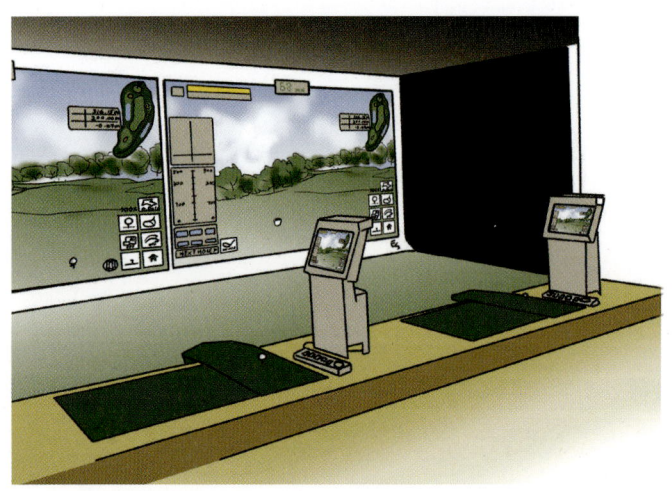

스크린타석 연습장에서는 혼자서 스크린골프 게임도 할 수 있다. 필드에 가기 전에 실전 감각을 익히는 데 도움이 된다.

스크린골프를 좋은 심리적인 틀을 갖추기 위한 도구로 활용한다

골프를 하다 보면 그 누구도 굿 샷만을 쳐서 공을 페어웨이로 정확하게 보낼 수 없으며 때로는 말도 안되는 미스 샷으로 멘탈이 급격히 흔들리기도 합니다. 이 일이 생기는 이유는 기술적인 스윙의 문제나 신체적인 체력의 문제도 있으나 대부분 잘못 친 것만 계속 기억하고 잘 친 샷이나 멋진 어프로치 샷 그리고 좋은 퍼팅 등 잘한 것을 기억하지 않아서 더 그런 것입니다. 결국 자신에게 얼마나 좋은 심리적인 틀을 갖추느냐가 중요한 요소입니다.

샷을 실수할 때마다 화를 내면서 스윙의 문제점을 떠올리면 그 기억은 더 오래 남아 골퍼의 잠재의식에 부정적인 영향을 주고 자신감을 잃게 만듭니다. 그보다는 자신의 실수를 무덤덤하게 넘기고 매 샷을 할 때마다 최선을 다하는 것이 실수를 줄이는 방법입니다. 평소에 스크린골프를 게임으로만 하는 것이 아니라 이와 같은 좋은 심리적인 틀을 갖추기 위한 훈련의 도구로 활용하는 것이 좋습니다.

이제 모든 준비를 마치고 실전 게임의 세계로 들어가는데 있어 한 가지 주의해야 할 것은 스크린골프이든 필드골프이든 연습을 소홀히 하고 게임만 하는 것은 스윙을 망가트리는 주범이라는 것입니다. 연습 스윙을 잘 되는데 실제 샷이 잘 안되거나 연습장에서는 잘 되는데 실제 필드에서는 잘 안되는 것 대부분은 연습 부족으로 인한 결과물입니다. 꾸준한 연습만이 스윙을 향상시키고 게임 감각을 유지시켜 주는 비결임을 잊지 않아야 합니다.

OBJECTIVE

You are meant to play the ball as it lies,
a fact that may help to touch on your own objective
approach to life

_ Grantland Rice

CHAP 25 100타를 깬다는 의미

CHAP 26 100타 깨기에 필요한 기술

CHAP 27 부상 없이 100타 깨려면

ONUL GOLF
3부 부상 없이 100타 깨기

CHAP 25 100타를 깬다는 의미

어떻게 해야 100타를 깰까?

클럽하우스 입구에서부터 자신감을 가지고 당당하게 들어 간다.

골프 민폐 탈출의 시작은 100타 깨기부터이다

골프에서 100타를 깬다는 것은 어떤 의미일까요? 처음 골프에 입문할 때는 '민폐를 끼치지 말아야지', '그냥 잘 따라 갔으면 좋겠어'하는 정도의 가벼운 목표로 시작하지만 시간이 갈수록 골프는 스코어에 의해 계급이 정해지고 평가를 받게 된다는 사실을 알게 됩니다. 즉 100타 이내를 치느냐 못 치느냐에 따라 공 좀 치는 골퍼와 공도 못 치는 민폐 골퍼로 구분된다고 생각하는 것입니다.

사실 99타와 101타의 스코어는 별 차이가 없는 비슷한 실력입니다. 그러나 필드에 가서 멋진 샷으로 라운드를 하고 싶고 100타를 넘는 스코어는 자신의 자존심이 허락하지 않는다면 안정적으로 100타 이내를 치기 위해 무엇이 필요하고 어떤 준비를 해야 할지 알고 있어야 합니다.

실제 필드에서 100타를 깨려면 꽤 많은 필드 경험이 필요하다

처음 필드에 가면 스코어를 제대로 기록하는 것은 불가능합니다. 대부분의 스코어도 정확하게 기록하는 것이 아닙니다. 첫 홀은 타수와 상관 없이 아무리 못 쳐도 일파만파라 하여 모두 '파'라고 적어 주고, 공이 치기 어려운 자리에 놓여 있으면 좋은 자리에 옮겨서 치라 하며, 대부분의 벌타는 스코어에 포함시키지 않습니다. 시간 지연을 이유로 퍼팅을 두 번 이상 못하게 하는 경우도 있고 '더블파'가 나와도 오히려 스코어를 줄여서 적어달라고 요구하기도 합니다. 이런 스코어가 진짜 실력이 아니라는 것은 누구보다 자신이 잘 알고 있습니다.

또한 필드는 연습장과는 달리 자연 환경의 지형을 살려 코스를 만들다 보니 자연이 주는 변수가 존재합니다. 연습장에서는 전혀 경험해 보지 못한 환경에 적응하기 어렵고 샷 실수도 훨씬 많을 수 밖에 없습니다. '골프는 변수와의 싸움'이라는 말도 이 때문에 나온 것입니다. 스윙과 샷의 정확도를 올리는 것과 함께 상당한 필드 경험을 통해 자연의 변수에 대한 대응도 가능해야 골프를 제대로 할 수 있게 됩니다.

똑딱 볼은 스윙의 기본이 될 수 없다

초보 골퍼는 대부분 '똑딱 볼'이라는 연습으로 골프를 배웁니다. 클럽 헤드와 공이 만나는 순간을 눈으로 보며 스윙 동작을 익히는 것인데 이를 꾸준히 하면 스윙을 잘 하게 되고 골프의 기본기가 제대로 만들어 진다고 생각합니다. 그러나 이 동작을 왜 해야 하는지 모른 채 하라고 하니까 마지못해 연습을 하는 경우가 대부분이고 힘들고 지루한 연습에 중도에 골프를 그만두는 경우도 많습니다.

사실 똑딱 볼은 골프 게임에 쓰이는 기술이 아니며 스윙의 기본은 더더욱 아닙니다. 실제 게임을 할 때 똑딱 볼로 공을 칠 일은 없습니다. 클럽 헤드와 공이 만나는 순간은 눈 깜짝할 사이에 고속으로 이루어지는 구간으로 그 짧은 순간을 임의로 조절할 수 없습니다. 똑딱 볼을 2~3개월 열심히 하면 스윙의 기본이 만들어진다는 생각을 버려야 합니다. 처음부터 공을 맞추는 연습을 하는 것이 아니라 스윙의 목적을 분명히 하고 온 몸으로 그에 맞는 동작이 몸에 배이도록 하는 것이 중요합니다. 이것이 스윙의 기본입니다.

언제든지 스윙을 잘 할 수 있는 몸 상태를 만들자

어떻게 해야 필드에서 공을 잘 칠 수 있을까요? 다음 세 가지를 꼭 염두에 두고 연습을 한다면 골프장 가는 길이 언제나 즐겁고 자신감이 넘칠 것입니다.

첫째, 스윙을 할 줄 안다고 골프 게임이 잘 되는 것이 아닙니다. 무엇보다 꾸준한 필드 경험을 통해 자연이라는 생소한 환경에 익숙해져야 합니다. 또한 게임에 필요한 과목을 골고루 할 줄 알아야 하고 공을 치기 어려운 지형에 대응할 수 있는 기술들을 습득해야 하므로 연습의 목표와 계획을 이에 맞추어 수립하고 실천하는 것이 필요합니다.

둘째, 스윙의 기본을 잘 갖추는 것입니다. 기본이 탄탄한 좋은 스윙을 만드는 과정은 마치 도자기를 빚는 과정과 유사합니다. 아직 어떤 모양이 나올지 모르지만 원형 판에 진흙을 놓고 계속 돌리면서 기본적인 도자기 형태를 만든 다음에 정확한 모양을 가다듬고 문양을 넣듯이 스윙을 만들어가는 과정도 그렇게 해야 합니다. 처음에는 다소 지루해도 일정량이 쌓여야 자연스러운 동작을 할 수 있습니다.

셋째, 평소에 내 몸이 스윙을 원활하게 할 수 있도록 좋은 상태를 유지하는 것입니다. 바쁜 일상으로 몸은 피곤하고 뻣뻣한 상태인데 이런 몸으로 급하게 스윙을 하거나 공을 치다 보면 잘 맞지도 않고 부상의 위험에 노출되기 쉽습니다. 하루 10분 골프 스트레칭과 멋진 스윙을 만들기 위한 몸 동작을 꾸준히 실천하여 좋은 몸 상태를 유지하면 언제든지 자신 있게 스윙을 할 수 있을 것입니다.

프로의 스윙을 탐내지 말라

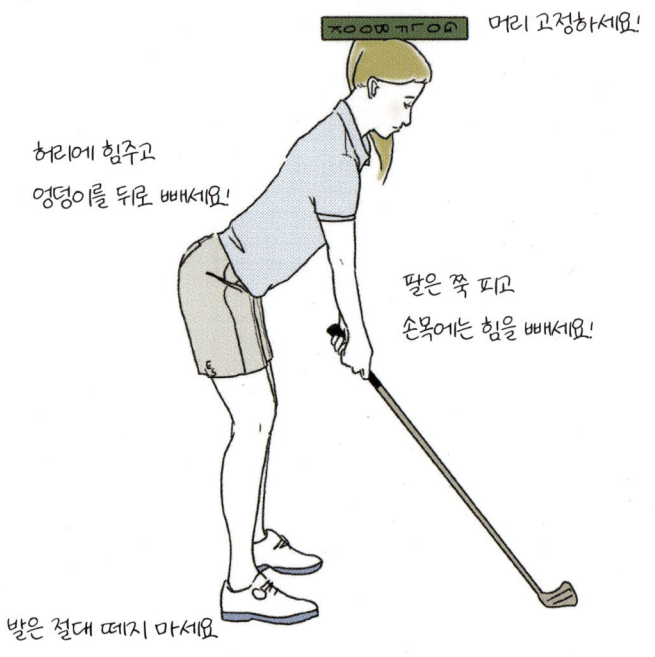

우리의 몸과 프로의 몸은 다르다

　프로 선수들이 시합하는 모습을 보면 두 가지 사실에 놀라게 됩니다. 하나는 스윙을 아주 부드럽게 한다는 것이고 또 하나는 부드럽게 스윙을 하는데 공이 엄청 멀리 날아간다는 것입니다. 이 때는 정말 프로의 멋진 스윙을 따라해보고 싶은 마음이 용솟음칩니다. 그러나 막상 닮고 싶은 프로 선수의 스윙 모델을 참고하여 비교도 하고 스윙을 따라해보지만 잘 되지 않습니다.

　아마추어 골퍼는 절대 프로의 스윙을 따라할 수 없습니다. 아니, 따라해서도 안됩니다. 우리의 몸이 프로의 몸과 다르기 때문에 그런 것도 있지만 그보다 프로의 스윙의 따라할 수 없는 가장 큰 이유는 그들의 연습량을 따라갈 수 없기 때문입니다. 프로의 하루 일정을 보면 대략 1,000개의 공을 치는 연습을 하는데 이를 위해 웨이트 트레이닝을 3시간 정도 하고 스윙이 망가지지 않도록 빈 스윙 연습도 공 치는 양의 3배 이상을 합니다. 이런 끊임없는 노력과 연습으로 만든 스윙을 눈에 보이는 모양만으로 따라할 수 있는 것이 아닙니다.

　골프에서 100타를 깨고 좋은 동반자와 어울려 즐겁게 라운드를 한다는 것은 프로의 스윙처럼 하는 것도 아니고 공을 똑바로 멀리 보내야 하는 것도 아닙니다. 그보다는 나의 몸이 허락하는 범위 내에서 가장 자연스러운 스윙을 하고 어이없는 실수를 최대한 줄이는 것으로도 충분합니다. 여기에서는 100타를 깨기 위해 추가적으로 익혀야 하는 기술적인 요소와 부상없이 건강하게 라운드를 하기 위해 갖추어야 할 신체적인 요소에 대해 살펴 보겠습니다.

CHAP 26 100타 깨기에 필요한 기술

드라이버 샷의 자신감

드라이버 샷의 가장 큰 적 악성 슬라이스 구질을 줄여야 한다

골프 속담에 드라이버는 쇼이고 퍼팅은 돈이라고 하는 말이 있습니다. 스코어가 좋아지려면 퍼팅을 잘해야 하고 꼭 드라이버 샷의 비거리에 연연하지 않는 것이 좋다는 뜻입니다. 그러나 초보 골퍼에게 드라이버 샷은 골퍼로서의 자신감이면서 존재의 이유이기도 합니다. 일단 드라이버 샷을 잘 치고 나야 그 다음 샷도 자신 있게 할 수 있다고 생각합니다. 그러기 위해서는 초보 골퍼를 가장 많이 괴롭히는 악성 슬라이스 구질을 해결해야 합니다.

슬라이스 구질은 임팩트 시 헤드가 열린 상태로 깎아치듯이 맞으면서 공에 시계 방향의 사이드 스핀이 발생하여 과도하게 오른쪽으로 휘어 날아가는 구질을 말합니다. 이 슬라이스 구질 때문에 거리 손해 뿐만 아니라 공이 코스를 벗어나는 것이 다반사입니다. 100타를 깨기 위해서는 슬라이스 구질을 공이 왼쪽으로 휘는 훅 구질로 바꾸는 연습이 필요합니다. 일단 훅 구질이 나오면 몸통을 이용하여 드로우나 스트레이트 구질을 만드는 것은 그렇게 어렵지 않습니다. 훅 구질을 만드는 연습 방법은 다음과 같습니다.

① 스트롱 그립으로 클럽을 단단하게 잡는다.
② 셋 업을 할 때 오른발을 살짝 뒤로 빼서 인-아웃 궤도를 만든다.
③ 헤드를 공의 오른쪽 10cm 떨어진 스윙의 최저점에 위치시킨다.
④ 공을 보지 말고 ③ 에서 말한 점에 시선을 집중하고 클럽을 던진다.

컨트롤 샷으로 거리 조절하는 법

필드에서는 거리가 많이 남아 풀 스윙을 해야 할 상황에서도 컨트롤 샷으로 거리를 짧게 보내야 하는 경우가 많다. 이 때 필요한 것이 펀치 샷이다.

컨트롤 샷은 잘 익혀 두면 활용도가 매우 높은 샷이다

　펀치 샷이라고도 하는 컨트롤 샷은 공을 펀칭하듯이 치되 너무 높이 뜨지 않으면서 방향성을 좋게 하는 기술 샷의 하나이며 숏 게임 스윙의 확장판이라고 할 수 있습니다. 숏 게임 스윙중에서 9시 스윙이 잘 되면 10시 반 스윙으로 응용할 수 있으며 이는 다양한 거리를 컨트롤 할 수 있는 무기로 사용하게 됩니다. 평소 풀 스윙 거리의 80% 정도를 보낼 수 있습니다.

　이 샷의 주된 용도는 100m 이내의 숏 게임 거리를 조절하는 것이지만 맞바람이 불 때나 높은 나무를 피해 낮은 탄도의 샷을 구사할 때도 유용하게 사용할 수 있습니다. 또한 풀 스윙을 하기에는 어중간한 거리가 남았을 때와 깊은 러프에 공이 잠겨있거나 잔디가 없는 맨 땅과 같이 정확하게 공을 치기 어려운 까다로운 라이 (Lie)에서의 컨트롤도 매우 유용합니다. 단 길이는 길고 로프트가 작은 우드나 롱 아이언은 컨트롤을 하기에 적절하지 않습니다.

　주의할 점은 백 스윙을 풀 스윙하는 것처럼 크게 하면 안된다는 것입니다. 백 스윙이 커지면 몸통 회전이 과도해지고 공을 정확하게 맞추지 못하게 됩니다. 숏 게임 스윙처럼 체중 이동을 적게 하고 그립은 단단히 잡되 부드럽고 일정한 리듬으로 백 스윙을 해야 합니다. 공의 위치는 중앙 또는 중앙보다 약간 오른쪽에 두고 자세를 잡을 때부터 왼발에 체중을 더 실어 주면서 스윙하는 내내 그 상태를 유지해야 합니다.

경사면 샷 완전 정복

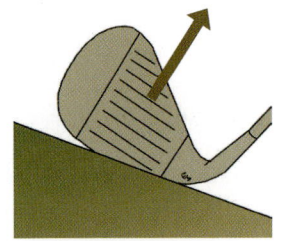

발끝 오르막

클럽 헤드면이 왼쪽 방향을 본다

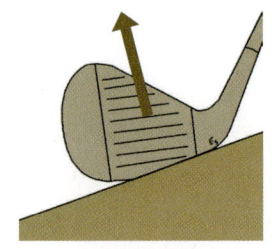

발끝 내리막

클럽 헤드면이 오른쪽 방향을 본다

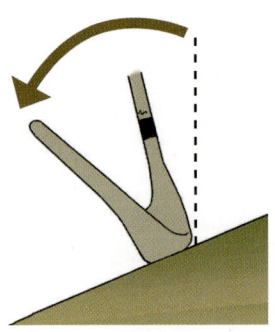

왼발 오르막

클럽 헤드면의 로프트가 커진다

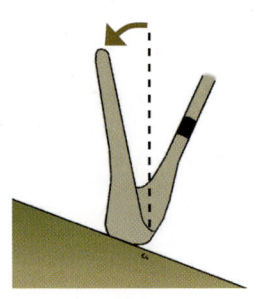

왼발 내리막

클럽 헤드면의 로프트가 작아진다

골프장에 가면 코스에 평지가 없다는 사실에 놀라게 된다

실제 코스에 나가면 티 샷을 하는 티잉 그라운드 이외에는 평평한 곳이 별로 없습니다. 티 샷이 잘 맞아도 평평한 페어웨이에 공이 있는 것보다는 내리막 혹은 오르막과 같은 경사면에 공이 놓여 있을 확률이 더 큽니다. 이런 경사를 골프 용어로 언듈레이션(undulation)이라고 합니다. 이렇게 필드에서 자주 접하게 되는 경사면에서의 플레이 요령을 제대로 알고 있어야 미스 샷의 위험에서 벗어날 수 있습니다.

과연 경사면에서의 샷이 평지에 비해 얼마나 어려울까요? 샷이 정확한 보기 플레이어를 기준으로 볼 때 대략 100m 남은 지점에서 10개의 샷 중 8개의 공을 온 그린 시킬 수 있습니다. 만약 10도 정도 기울어진 경사에서 치면 온 그린의 가능성은 절반으로 줄어듭니다. 두 배의 어려운 샷이 되는 것입니다. 경사가 20도이면 네 배, 그 이상의 경사에서는 한 개의 공도 그린에 올리지 못할 정도로 난이도가 올라갑니다.

경사면에서의 샷을 할 때 범하는 가장 흔한 실수는 풀 스윙을 줄여서 하거나 살살 치는 '응용 샷'을 하려는 것입니다. 어떤 종류의 경사이든 10도 이상의 경사에서는 풀 스윙을 하지 않아야 하고 셋업, 공의 위치 그리고 에이밍을 경사에 맞게 조절해야 합니다. 경사면에서의 샷은 숏 게임 스윙 중에서 9시 스윙 또는 펀치 샷이 유용한 대응입니다. 몸의 움직임을 최소화하고 공을 정확하게 맞추어 어려운 상황을 탈출하는 것이 가장 현실적인 목표입니다.

① 발끝이 높은 오르막 경사

① 셋업을 할 때
- 공의 위치는 가운데보다 약간 오른쪽에 둔다.
- 한 클럽 크게 선택하고 그립을 짧게 잡는다.
- 무릎은 거의 펴진 상태이고 상체도 좀 더 세운다.
- 공이 왼쪽으로 휘어지므로 타겟보다 오른쪽 방향으로 에이밍을 한다.

② 샷을 할 때
- 왼발을 중심축으로 백 스윙을 하여 체중 이동이 되지 않도록 한다.
- 어깨 회전을 크게 하지 말고 4분의 3 크기의 백스윙을 한다.
- 스윙을 하는 동안 몸이 위 아래로 움직이지 않도록 주의한다.
- 먼 거리가 남았을 때는 평평한 곳으로 레이 업 (Lay up)을 한다.

② 발끝이 낮은 내리막 경사

① 셋업을 할 때
- 공의 위치는 가운데 두고 평소 스탠스보다 넓게 선다.
- 한 클럽 크게 선택하고 그립은 평소와 같이 잡는다.
- 무릎을 많이 구부리고 좀 더 앉는다는 느낌으로 상체를 숙인다.
- 공이 오른쪽으로 휘어지므로 타겟보다 왼쪽 방향으로 에이밍을 한다.

② 샷을 할 때
- 양 발을 떼지 말고 몸통 회전 없이 팔로만 스윙을 한다.
- 특히 테이크 어웨이를 할 때 헤드를 타겟라인과 평행하게 올린다.
- 임팩트 순간까지 상체와 무릎이 펴지지 않도록 버텨 준다.
- 거리를 맞추려고 하지 말고 평평한 페어웨이로 탈출하는데 집중한다.

③ 왼발이 높은 오르막 경사

① 셋업을 할 때
- 공의 위치는 가운데보다 약간 왼쪽에 둔다.
- 공이 평지보다 더 뜨면서 거리가 덜 가므로 한 클럽 크게 선택한다.
- 그립을 짧게 잡고 어깨, 허리 무릎 라인을 경사에 맞추어 셋업한다.
- 공이 왼쪽으로 휘어지므로 타겟보다 오른쪽 방향으로 에이밍을 한다.

② 샷을 할 때
- 백 스윙을 간결하게 하여 몸이 들리지 않도록 해야 한다.
- 오른발에 체중을 실어 스윙 궤도를 경사면과 평행하게 만든다.
- 체중 이동을 최소화하고 경사면을 따라 쓸어치듯이 공을 친다.
- 탄도가 높게 나오므로 거리를 길게 보고 친다.

④ 왼발이 낮은 내리막 경사

① 셋업을 할 때
- 공의 위치는 가운데보다 약간 오른쪽에 둔다.
- 공이 평지보다 낮게 뜨면서 거리가 덜 가므로 한 클럽 작게 선택한다.
- 평소 그립을 잡고 어깨, 허리 무릎 라인을 경사에 맞추어 셋업한다.
- 공이 오른쪽으로 휘어지므로 타겟보다 왼쪽 방향으로 에이밍을 한다.

② 샷을 할 때
- 백 스윙을 가파르게 하되 몸이 왼쪽으로 기울어지지 않도록 한다.
- 왼발을 중심축으로 스윙을 하여 체중 이동을 최소화한다.
- 경사면을 따라 클럽을 낮게 보내어 공을 정확하게 맞추는데 집중한다.
- 공을 치고 난 후 피니시는 하지 않아도 된다.

벙커 샷은 탈출이 목표

벙커는 골프를 어렵게 하는 장애물이면서 게임의 재미를 더해주는 코스의 일부입니다. 코스를 공략할 때 가급적 벙커에 빠지지 않도록 코스 매니지먼트를 해야 하지만 부득이하게 공이 벙커에 빠진 경우 침착하게 대응하여 큰 실수없이 벙커를 탈출할 수 있어야 합니다. 특히 그린 근처의 벙커에서는 턱이 높으므로 정확한 벙커 샷이 필요합니다.

셋업을 할 때

① 발을 모래에 파묻고 그립을 짧게 잡는다
② 클럽 헤드를 열어서 헤드의 등이 바닥을 보게 한다
③ 공의 위치는 왼쪽 발에 가까이 둔다
④ 스탠스를 오픈하고 왼발에 체중을 70% 이상 실어준다

백 스윙을 할 때

① 코킹을 빨리하여 백 스윙을 가파르게 하되 ¾ 스윙 크기로 몸이 들리지 않게 한다

③ 체중이 오른발로 넘어가지 않도록 주의한다

② 공의 오른쪽 3~5cm 뒤 모래를 쳐다 보고 백 스윙 탑까지 시선을 떼지 않는다

샷을 할 때

① 모래를 정확하게 내려 쳐서 공을 탈출 시키는데 집중한다. 단 헤드 스피드를 확실하게 내야 한다

③ 팔로우 스루시 헤드 면이 하늘을 향하도록 하고 머리 높이까지 피니시를 확실하게 한다

② 헤드의 등으로 공의 오른쪽 3~5cm 뒤 모래를 폭발하듯이 내려 친다

그린 주변 띄우는 칩 샷

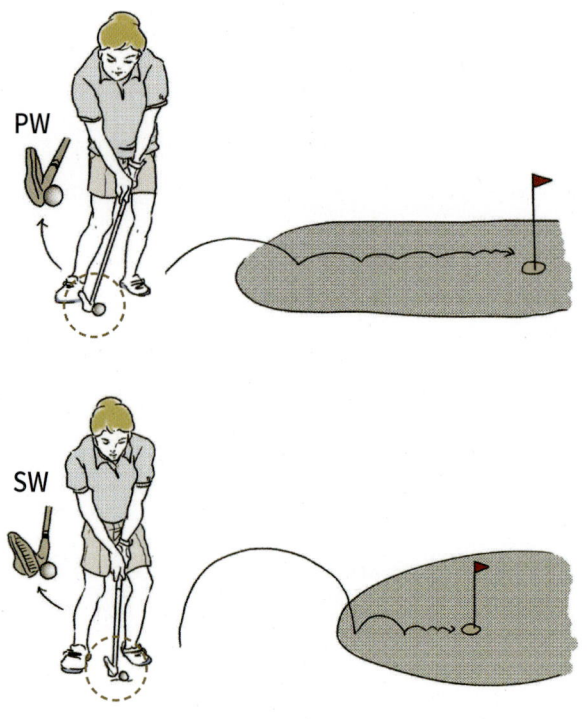

어떤 칩 샷을 하는 것이 좋은지는 그린 주변의 상황과 핀의 위치에 따라 결정한다.

그린 주변에서는 상황에 따라 공을 띄우는 칩 샷도 필요하다

　그린 주변에서 칩 샷을 할 때는 가급적 공을 낮게 던져 굴러가도록 하는 것이 좋습니다. 이것이 띄우는 샷에 비해 실수할 확률이 훨씬 더 작기 때문입니다. 샌드 웨지보다는 로프트가 작은 피칭 웨지를 이용하여 공을 오른발 앞에 두고 왼발에 체중을 실은 상태에서 캐리보다 런을 크게 하는 것이 가장 기본적인 칩 샷입니다. 하지만 공이 그린에서 많이 떨어져 있어 낮게 뜨면 잔디에 공이 걸릴 염려가 있거나 핀이 그린 엣지에 가까이 있을 때는 띄우는 샷도 필요합니다.

　공을 띄운다고 해서 클럽으로 퍼올리는 동작을 해서는 안됩니다. 클럽을 바꾸고 공의 위치를 조정하는 것만으로도 충분합니다. 우선 피칭 웨지보다 어프로치 웨지나 샌드 웨지로 바꾸고 공의 위치를 가운데 또는 왼발 뒤꿈치 가까이 둡니다. 체중은 왼발에 두되 그립을 잡은 양 손을 몸 중앙에 두어 헤드가 누워 있는 모양이 되도록 합니다. 이렇게 셋업한 헤드 모양대로 공 밑을 지나가도록 하면 공이 가볍게 뜬 후 덜 굴러가는 샷이 가능합니다.

　핀이 그린 앞에 있어 가까운 거리이고 그린 벙커를 넘겨야 하는 상황에서 공을 띄워야 하는 칩 샷은 고난이도의 기술이 필요한 어려운 샷입니다. 긴장한 상태에서 급하게 샷을 하면 앞에 있는 벙커에 빠지거나 탑핑이 나서 그린 반대편으로 날아가는 경우가 많습니다. 어려운 샷을 할수록 심호흡을 크게 하여 긴장을 최대한 푼 상태에서 백 스윙을 천천히 하고 헤드가 공 아래로 지나갈 때까지 시선을 유지해야 합니다.

퍼팅 실력 업그레이드

1~2m의 짧은 퍼팅은 '땡그랑' 소리를 귀로 듣는다

대부분 1~2m의 짧은 퍼팅은 쉽게 넣을 수 있을 것이라고 생각하지만 짧은 거리일수록 방심을 하여 대충 할 때가 많습니다. 또는 빨리 끝내고 싶다는 조급함으로 손을 쓰기도 하고 머리를 들면서 공을 정확하게 맞추지 못하는 경우도 있습니다.

무엇보다 당연히 들어갈 것이라는 생각에 방심하지 말고 들뜬 마음을 가라앉히기 위해 크게 심호흡을 하는 것이 좋습니다. 숨을 '후~~'하고 크게 내뱉은 후 컵의 뒷 벽을 향해 부드럽지만 막힘이 없는 스트로크를 하는 것입니다. 그리고 공이 굴러 가는 것을 쳐다보지 말고 홀 컵에 들어 가는 소리를 듣는 것에 집중합니다.

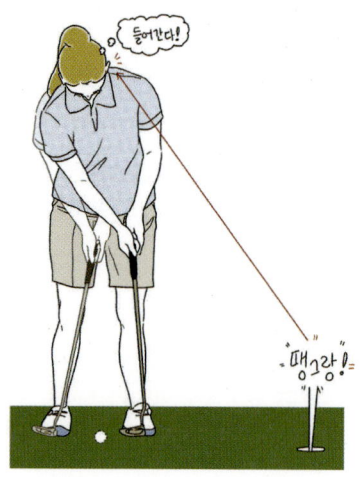

라운드 당일 퍼팅 연습을 통해 그린 스피드를 파악한다

퍼팅 실력을 확실하게 향상시킬 수 있는 방법이 바로 골프장에 있는 연습 그린을 활용하는 것입니다. 골프장의 스타트 홀 근처에 만들어져 있는 연습 그린은 유일하게 실제 천연 잔디에서 퍼팅 연습을 할 수 있는 공간입니다. 라운드 당일 여유롭게 도착하여 연습 그린에서 20분 정도 퍼팅 연습하는 습관을 만들어 놓는 것이 좋습니다.

연습 그린에 갈 때 퍼터, 공 3개 그리고 롱 티 5개를 준비합니다. 최대한 평평한 자리를 골라 롱 티를 5걸음 단위로 꽂은 다음 공 3개를 가지고 5걸음을 보내는 퍼팅을 합니다. 템포를 조금씩 조절하면서 적당한 그린 스피드를 찾습니다. 5걸음 퍼팅을 왕복으로 한 다음 10걸음, 15걸음, 20걸음 단위로 거리를 늘려 가며 퍼팅을 해 봅니다. 마무리는 티를 하나만 남겨 놓고 3개의 공을 1m 정도 거리에서 티를 맞추는 연습을 합니다. 대략 20여분 정도면 충분합니다.

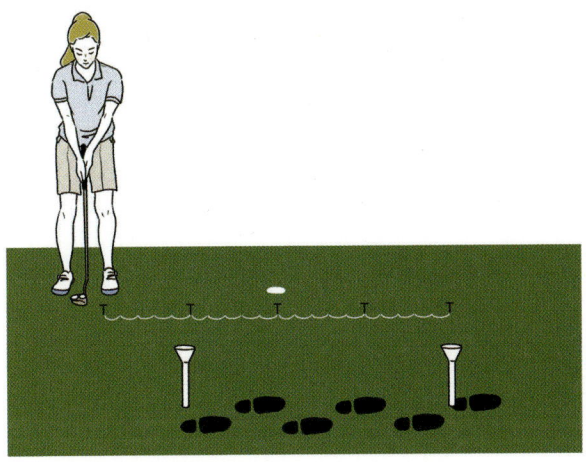

CHAP 27 부상 없이 100타 깨려면

골퍼들의 부상 부위와 원인

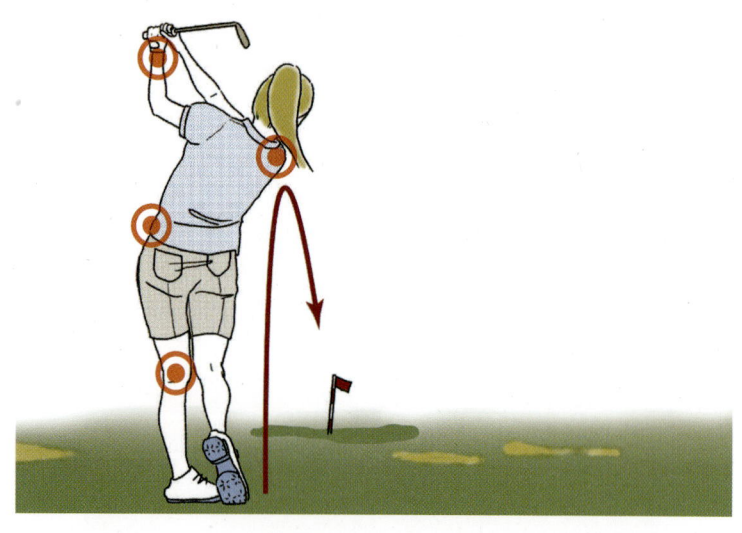

시간에 쫓겨 몸을 제대로 풀지 못한 채 급하게 라운드를 시작하다 보면 갑작스런 부상을 당하는 경우가 많다.

골프를 그만두는 이유의 절반이 부상 때문이다

골프를 시작한 이후 누구나 한번씩 예상치 않은 골프 부상에 시달립니다. 다른 구기 종목과 같은 격렬한 운동이 아님에도 골프 부상이 의외로 많은 이유는 무엇일까요? 골프를 배우는 과정을 보면 유독 몸의 기초를 튼튼하게 만들기보다는 스윙 테크닉 중심의 연습에만 몰두하는 경우가 많기 때문입니다. 이렇게 몸의 상태나 움직임이 좋지 않은 상태에서 테크닉만 연습할 경우 실력 향상이 더딜 뿐만 아니라 부상이 덤으로 따라 오게 됩니다.

골프 실력에 따라 부상 부위가 조금씩 달라집니다. 이제 스윙을 배우기 시작하는 초보 골퍼의 경우 익숙하지 않은 자세로 팔로만 동작을 연습하거나 공보다 땅을 치는 뒤땅 때문에 손목이나 팔꿈치 부위의 부상이 많고 구력이 있는 골퍼와 프로 골퍼의 경우 몸통 스윙을 잘 하더라도 근육과 관절의 과도한 사용으로 인한 부상이 발생합니다. 특히 구력이 오래 될수록 허리 통증이 많다는 조사 결과도 있으니 평소에 허리 관리를 잘 하는 것도 중요합니다.

골프를 하면 누구나 멋진 스윙 폼과 자세를 꿈꿉니다. 프로 수준의 스윙은 아니더라도 자신이 봐도 아닌 것 같은 엉성한 스윙을 하고 싶지 않은 것입니다. 이런 스윙의 주 원인은 몸이 따라 주지 않아서 발생하는 것이지 잘못된 자세로 스윙을 하기 때문은 아닙니다. 즉 스윙을 제대로 하기 위해서는 몸을 먼저 준비해야 한다는 것입니다. 공을 치기 전 꾸준한 스트레칭과 몸 동작 연습이 멋진 스윙을 만드는 시작입니다.

하루 10분 골프 스트레칭

① 손으로 머리 기울여 목 스트레칭

똑바로 서서 왼손을 머리에 대고 옆으로 기울여 목을 늘려 줍니다. 10초 정도 유지하고 반대쪽도 똑같이 동작을 합니다. 목을 늘리면서 반대쪽 어깨에 힘을 빼는 것이 중요합니다.

② 팔을 앞으로 뻗어 손목 스트레칭

오른팔을 앞으로 뻗어 손 끝이 하늘을 향하게 하고 반대 손으로 뻗은 손을 몸 쪽으로 당겨 줍니다. 10초 정도 유지하고 손 끝이 아래를 향하게 하고 똑같이 당겨 줍니다. 왼팔도 똑같은 방법으로 합니다.

③ 등 뒤로 팔꿈치 접어 누르는 팔꿈치 스트레칭

 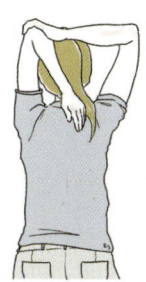

오른팔을 머리 뒤로 넘겨 팔꿈치를 구부린 후 손바닥을 등에 대고 반대 손으로 팔꿈치를 잡고 아래로 부드럽게 눌러 줍니다. 10초 정도 유지하고 왼팔도 똑같은 방법으로 합니다.

④ 등 뒤로 깍지 끼고 가슴 펴기 스트레칭

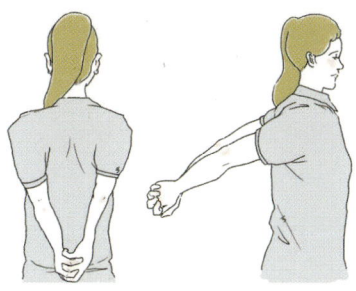

양 손을 등 뒤로 보내 깍지를 낀 후 깍지 낀 손을 뒤로 보내면서 가슴을 폅니다. 특히 등이 접히는 느낌이 들 정도로 가슴을 활짝 펴는 것이 중요합니다. 깍지를 풀었다가 다시 끼고 반복합니다.

⑤ 양손 깍지 위로 올려 상체 늘리기 스트레칭

　양 손을 앞에서 깍지 낀 상태에서 손바닥이 하늘을 보도록 팔을 크게 뻗어 상체를 늘려 줍니다. 깍지를 풀고 귀와 아깨 사이가 멀어지도록 동그랗게 큰 원을 그리면서 양 팔을 내려 줍니다.

⑥ 손끝 어깨에 대고 돌리는 어깨 스트레칭

　양 팔을 구부려 손 끝이 어깨에 닿게 한 상태에서 팔꿈치를 앞에서 뒤로 크게 원을 그려줍니다. 어깨만 돌리는 것이 아니라 등 판을 크게 돌립니다. 뒤에서 앞으로 똑같은 방법으로 합니다.

⑦ 손바닥 갈비뼈에 대고 척추 스트레칭

왼 손바닥으로 갈비뼈를 눌러 주고 오른손 손등을 이마에 살짝 대면서 이마를 지긋이 밀어 척추를 구부려 줍니다. 척추 마디 마디가 분절되는 느낌이 들도록 구부립니다. 반대쪽으로도 똑같은 방법으로 합니다.

⑧ 팔짱 낀채 상체 비틀기 스트레칭

상체를 꼿꼿이 세우고 아랫배에 힘을 준 상태에서 팔짱을 낍니다. 시선은 정면을 응시한 채 상체를 오른쪽으로 천천히 돌려 등이 비틀어지도록 합니다. 10초 정도 버티고 반대쪽도 똑같은 방법으로 합니다.

부상 방지 코어 근육 강화

① 소 고양이 자세 (Cow cat pose)

엎드린 상태에서 양 무릎을 꿇어 바닥에 대고 어깨 바로 아래 손목이 오도록 한 후 손바닥을 바닥에 댑니다. 먼저 숨을 크게 들이마시면서 머리를 천천히 들어 주고 배를 바닥으로 내리면서 척추를 늘려 소 자세가 되도록 합니다.

그 다음은 복근에 힘을 준 상태로 숨을 내쉬면서 등을 천청 방향으로 동그랗게 말아 주고 고개를 아래로 숙여 고양이 자세가 되도록 합니다. 배의 긴장을 그대로 유지해야 합니다.

이 동작은 척추의 유연성을 향상시켜 주고 허리 통증을 완화시켜 줄 뿐만 아니라 자세 교정의 효과도 있습니다. 전체적으로 동작을 천천히 하되 등을 늘려주고 말아주는 동작을 하나로 하고 어깨나 등보다는 꼬리뼈의 움직임을 느끼는 것이 중요합니다.

② 버드 독 자세 (Bird dog pose)

엎드린 상태에서 양 무릎을 꿇어 바닥에 대고 어깨 바로 아래 손목이 오도록 한 후 손바닥을 바닥에 댑니다. 먼저 오른손과 반대편 왼발을 들어 올려 길게 뻗어 줍니다. 이 때 다른 손과 무릎의 균형을 맞추고 체중이 중앙에 실려 있도록 합니다.

이제 반대로 왼손과 오른발을 들어 올려 길게 뻗어 줍니다. 허리가 아래로 쳐지지 않도록 아랫배에 힘을 주어 등을 평평하게 만들어야 합니다. 하나의 동작을 10초 동안 유지합니다.

이 동작은 몸을 곧게 펼 수 있게 해주는 척추기립근을 강화하는데 효과적입니다. 또한 등부터 허리, 골반 그리고 엉덩이 근육까지 고르게 단련하는 코어 운동 중의 하나입니다. 동작을 할 때 손목에 체중이 너무 많이 실려 무리가 되지 않도록 주의합니다.

③ 레그 레이즈 (Leg raise)

똑바로 누워 위를 보고 양 팔을 곧게 폅니다. 두 다리를 곧게 편 상태에서 천천히 들어 줍니다. 양 무릎이 구부러지지 않도록 하고 가능한 직각이 될 때까지 올리는 것이 포인트이며 배에 힘을 주어 허리가 뜨지 않도록 주의해야 합니다.

복근에 확실하게 힘을 준 상태에서 3~5초 동안 천천히 다리를 내립니다. 완전히 다리를 내리면 복근에 걸린 부하가 사라지므로 발꿈치가 바닥에 닿지 않도록 해야 하고 그 상태에서 다시 들어 올립니다.

이 동작은 다리를 들어올리는 근육의 힘을 이용하여 아랫배에 있는 복직근 하부를 강화시켜 줍니다. 스윙을 할 때 몸통 꼬임이 원활하게 될 수 있도록 도와 주는 역할을 합니다. 다리를 들어 올릴 때 허리가 바닥에서 뜨지 않도록 해야 허리에 무리가 가지 않습니다.

④ 크런치 (Crunch)

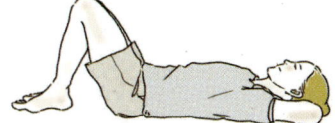 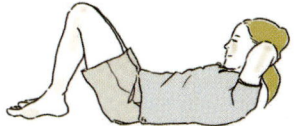

똑바로 누워 무릎을 세우고 양 손은 머리 뒤로 깍지를 낍니다. 배에 힘을 주면서 등을 말 듯이 상체를 일으킵니다. 이 때 상체를 완전히 들지 않아야 배에 자극이 옵니다. 손이 아닌 복부의 힘으로 가슴을 아래쪽으로 당기듯이 상체를 들어 올려야 효과가 있습니다.

이제 다시 원래 위치로 돌아 가는데 머리가 완전히 바닥에 닿지 않도록 복부에 힘을 빼지 말고 긴장 상태를 유지해야 효과가 커집니다. 목에 힘이 많이 들어가지 않도록 턱을 아래로 당겨 줍니다.

이 동작은 윗배에 해당하는 복직근 상부를 강화시켜 주는 운동으로 튼튼한 복근은 골프 자세 뿐만 아니라 몸통 회전을 원활하게 해주는 중추적인 역할을 합니다. 복부의 힘으로 동작을 하지 않으면 목이나 허리에 통증이 생길 수 있으므로 주의해야 합니다.

⑤ 러시안 트위스트 (Russian twist)

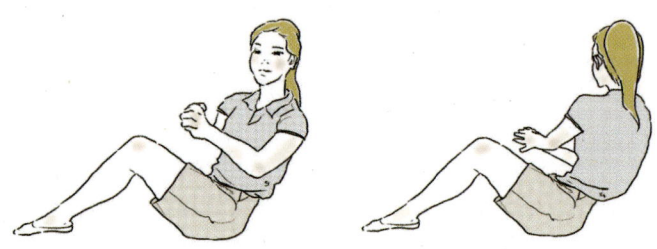

앉은 상태에서 무릎을 살짝 구부린 후 발바닥을 바닥에 댑니다. 양 손을 깍지 끼고 편 상태에서 왼쪽으로 몸을 45도 정도 비틀어 주며 시선은 비튼 방향으로 자연스럽게 따라갑니다. 이 때 발바닥이 떨어지지 않도록 하고 몸통이 뒤틀리는 느낌으로 2~3초 정도 멈춥니다.

좀 더 큰 부하가 걸리도록 하기 위해서는 양 발을 지면에서 뗀 상태로 하면 되는데 자세가 불안하거나 허리에 부담이 가면 무리하지 않는 것이 좋습니다. 반대쪽으로도 똑같이 합니다.

이 동작은 옆구리에 있는 내, 외복사근을 강화하는 것뿐만 아니라 광배근도 자극하여 몸통의 꼬임이 확실하게 이루어질 수 있도록 도와주는 역할을 합니다. 스윙을 할 때 가장 부상을 많이 당하는 부위이기도 하므로 꾸준히 단련시키는 것이 좋습니다.

⑥ 누워서 몸통 비틀기 (Waist twist)

바닥에 등을 대고 누워 양 팔을 길게 뻗어 주고 손바닥을 바닥에 댑니다. 무릎을 들어 올려 90도 정도 구부린 상태에서 천천히 무릎을 왼쪽으로 내려 주고 고개는 반대편으로 돌려 줍니다. 이 때 반대쪽 어깨가 바닥에서 떨어지지 않을 때까지만 천천히 무릎을 내려 줍니다.

무릎을 천천히 올려 원래대로 중앙에 오게 한 후 이제는 반대 방향으로 무릎을 내려 주고 고개는 반대편으로 돌려 줍니다. 이 때 어깨가 지면에서 떨어지지 않도록 해야 합니다.

골프 스윙은 전신 운동입니다. 특히 하체의 힘이 상체를 통해 클럽으로 잘 전달되도록 하는 것이 중요하며 이 때 골반의 역할이 큽니다. 골반을 좀 더 강하고 유연하게 만들어야 하고 상체와 하체를 분리하여 허리의 힘을 강하게 만들어 주는 것을 돕는 운동입니다.

라운드 3홀 이내 몸 풀기 요령

　초보 골퍼뿐만 아니라 모든 아마추어 골퍼에게 첫 홀의 첫 티 샷은 항상 긴장되고 떨리는 순간입니다. 티잉 그라운드에 올라서서 멋지게 공을 치고 싶지만 생각처럼 잘 되지 않습니다. 충분히 몸이 풀리지 않은 상태인데다 잘못되면 어떻게 하나 하는 걱정에 자칫 실수라도 하면 위축이 되어 기대한 라운드를 어렵게 시작하기도 합니다.

　첫 티 샷의 어려움은 라운드를 시작하기 전에 충분히 몸을 풀지 않고 바로 스윙을 하는 것에서 비롯됩니다. 야외 스포츠인 골프는 잠깐의 스트레칭만으로 몸이 풀리지 않습니다. 라운드를 시작하기 전에 하는 스트레칭은 땀이 찔끔 날 정도로 하는 것이 좋습니다. 만약 시간이 부족할 경우 간단한 골프 스트레칭을 시작으로 최소한 첫 3 홀 정도는 카트를 타지 말고 빨리 걸으면서 몸을 움직여 주면 홀을 거듭할수록 스윙이 부드러워지는 것을 느낄 수 있습니다.

　라운드를 시작하기 전에 잠시 시간을 내어 연습 스윙을 할 때는 드라이버를 바로 잡지 말고 시작은 샌드 웨지로 스윙 동작이 자연스럽게 나올 정도만 가볍게 휘둘러주면서 몸을 풀고 마지막에 몇 번 드라이버를 연속으로 10회 정도 휘두르는 빈 스윙을 하는 것이 훨씬 더 효과가 좋습니다. 이런 몸 풀기 루틴을 골프장에 갈 때마다 꾸준히 실천하면 첫 티 샷의 실수는 갈수록 줄어들고 그 날의 라운드는 분명 좋은 결과가 나올 수 있을 것입니다.

부상 예방은 연습장에서부터

골프를 시작한 이후 연습장에서 연습하다가 부상을 당하는 경우가 많습니다. 스윙 동작이 몸에 익숙하지 않은 상태에서 무리하게 동작을 하는 것이 원인이지만 부상을 당하는 가장 큰 이유는 공을 많이 치기 때문입니다. 공을 많이 치면 칠수록 실력이 좋아지는 것이 아니라 스윙은 점점 이상해지고 몸은 빨리 망가집니다.

연습장에서의 연습 우선 순위를 풀 스윙으로 공을 치는 것에 맞추지 말고 숏 게임과 퍼팅 연습을 동일한 비중을 두면서 골고루 연습해야 실력 향상은 물론 부상 예방에도 좋습니다. 연습 순서를 다음과 같이 만들어봅니다. ① 연습을 하기 전에 충분히 스트레칭하여 몸을 풀어주고 거울을 보며 몸동작을 연습합니다. ② 아이언, 우드, 그리고 드라이버 순서로 각각 최소 10회에서 30회 정도 빈 스윙을 합니다. ③ 숏 게임과 퍼팅 연습을 먼저 하고 나머지 시간을 풀 스윙 연습에 할애합니다.

유튜브나 방송에서의 스윙 레슨을 보면 유용한 팁도 많고 참고가 되는 것은 사실이나 특정한 한 가지 팁을 개선하면 스윙이 좋아질 것이라는 생각은 버려야 합니다. 스윙은 몸통뿐만 아니라 상체와 팔, 작은 근육의 손목까지 신체의 모든 부분이 유기적으로 협력하면서 움직이는 것입니다. 그러므로 공을 치는 것보다는 탄탄한 스윙의 기본기를 익히는 것이 중요하며 기본기를 꾸준히 점검해줄 수 있는 지도자를 만난다면 그 효과는 배가 될 것입니다.

EPILOGUE

lie [lai] (어떤 상태로) 있다 [계속 있다/있게 되다]

"골프에서의 라이 (lie)는
공이 놓여 있는 상태입니다.
라이에 따라 희비가 엇갈리고
라이가 없는 골프는 그저 지루한 게임일 뿐이죠.

우리의 인생도 저마다의 라이가 있고
오늘도 수시로 바뀌는 인생의 라이를 안고 살아갑니다."

저는 골프를 좋아합니다. 골프가 인생과 비슷하다는 의미도 좋고 열심히 노력하지만 만족할 만한 수준의 골프가 안 되는 것도 항상 묘한 매력으로 다가옵니다. 그 중에서도 '라이'라는 말이 가장 좋습니다. 대개는 '라이가 안좋다,','고약한 라이네' 하는 식으로 부정적인 의미로 쓰이지만 저는 긍정적인 요소에 더 큰 의미를 둡니다. 샷은 뜻대로 잘 안 맞췄지만 떨리는 마음으로 내 공이 있는 곳으로 갔을 때 푸른 잔디 위에 살포시 공이 올려져 있는 것을 보면 기분이 너무 좋기 때문입니다.

40대 늦은 나이에 시작한 골프가 너무 좋아서 이를 생업으로 삼아 멋모르고 뛰어 든지 15년 가까이 되었습니다. 해마다 힘들었던 순간이 더 많았고 휴일도 없이 미래의 멋진 모습을 꿈꾸며 달려왔지만 여전히 저의 라이는 먹구름이라는 생각에 잠을 설치기도 하고 골프 계를 화려하게 장식하는 뛰어난 사람들에 비해 나는 초라하고 보잘 것 없다는 절망감에 빠지기도 했습니다.

이 때 항상 저에게 힘을 준 것은 사랑하는 가족과 저를 믿고 골프를 맡겨 주신 수많은 마음골프 회원님들이셨습니다. 진심으로 감사드립니다. '원장님이 일구어 온 성과는 실로 소중하고 그 누구도 따라할 수 없으니 자신감을 가지고 하세요'라는 말을 들을 때마다 다시 힘을 내어 오늘도 방문해 주신 분들께 큰 소리로 인사를 해봅니다.

지난 1년여 동안 정리하고 가다듬어 온 '100타 깨기 골프 자습서' 원고가 이제 '오늘부터 골프'라는 이름으로 세상에 빛을 보려고 합니다. 더 이상 잘못된 연습으로 고생하지 마시라고, 더 이상 길을 잃은 골프의 짐을 들고 가지 마시라고, 아직 늦지 않았으니 자신감을 가지고 골프를 시작하시라고 마음을 담아 썼습니다.

저자 김형국 올림